Toujours
À tes côtés

quand un chien suit son étoile

Traduit de l'anglais par
Laure Valentin

© Jean Gill 2021
The 13th Sign
ISBN 979-10-96459-19-3

Tous droits réservés. Aucune partie de cette publication ne peut être reproduite, enregistrée dans un système de recherche ou transmise sous quelque forme que ce soit sans la permission expresse de l'éditeur.

Ce livre est disponible sur la plupart des sites de vente en ligne. Publié pour la première fois en version originale en 2011 chez Callio Press

© 2016 Jean Gill
The 13th Sign

Conception de la couverture par Jessica Bell
Images © LadyMary, Gordana Sermek, Jean Gill

PUBLIÉ PAR JEAN GILL EN ANGLAIS

Novels
Someone to Look Up To: a dog's search for love and understanding *(The 13th Sign)* 2016

Natural Forces
Book 3 The WorldBeyond the Walls *(The 13th Sign)* 2021
Book 2 Arrows Tipped with Honey *(The 13th Sign)* 2020
Book 1 Queen of the Warrior Bees *(The 13th Sign)* 2019

The Troubadours Quartet
Book 5 Nici's Christmas Tale: A Troubadours Short Story *(The 13th Sign)* 2018
Book 4 Song Hereafter *(The 13th Sign)* 2017
Book 3 Plaint for Provence *(The 13th Sign)* 2015
Book 2 Bladesong *(The 13th Sign)* 2015
Book 1 Song at Dawn *(The 13th Sign)* 2015

Love Heals
Book 2 More Than One Kind *(The 13th Sign)* 2016
Book 1 No Bed of Roses *(The 13th Sign)* 2016

Looking for Normal (teen fiction/fact)
Book 1 Left Out *(The 13th Sign)* 2017
Book 2 Fortune Kookie *(The 13th Sign)* 2017

Non-fiction/Memoir/Travel
How Blue is my Valley *(The 13th Sign)* 2016
A Small Cheese in Provence *(The 13th Sign)* 2016
Faithful through Hard Times *(The 13th Sign)* 2018
4.5 Years – war memoir by David Taylor *(The 13th Sign)* 2017

Short Stories and Poetry
One Sixth of a Gill *(The 13th Sign)* 2014
From Bedtime On *(The 13th Sign)* 2018 (2nd edition)
With Double Blade *(The 13th Sign)* 2018 (2nd edition)

Translation (from French)
The Last Love of Edith Piaf – Christie Laume *(Archipel)* 2014
A Pup in Your Life – Michel Hasbrouck 2008
Gentle Dog Training – Michel Hasbrouck *(Souvenir Press)* 2008

*À Blanche-Neige de Néouvielle,
qui a digéré quelques livres en son temps,
et à Bételgeuse de la Plaine d'Astrée,
qui préfère le linge de maison et qui me prend pour Dieu.
(Blanche croit toujours qu'un jour viendra où elle aura le dessus.)*

REMERCIEMENTS

Un immense merci...

... de la part de Bételgeuse de la Plaine d'Astrée et de Blanche-Neige de Néouvielle à Michel Hasbrouck, extraordinaire éducateur canin, pour tout ce qu'il a enseigné à leur maîtresse.

... aux éleveurs de Blanche et Bétel pour m'avoir fait découvrir le monde des concours, le club français de race R.A.C.P., ainsi que l'élevage de chiens avec tous ses plaisirs et ses souffrances. Sans leurs éleveurs, nous n'aurions pas ces magnifiques chiens.

... à tous mes amis des forums, et surtout Patou Parle, avec qui je partage mes histoires et mes problèmes depuis 2006, notamment Alaska, Binti, Cimba, Clo, Linda, Magali, Montagnepyrenees, Morgan, Patoulou, Sancho, Soulmans et Stratos. Une mention spéciale à l'excellent soutien apporté aux chiens de montagne des Pyrénées par www.adoptiongroschiens.com Mes remerciements à tous ceux qui ont partagé un moment patounien avec moi, en ligne ou lors des concours canins.

S'il est d'usage de citer son partenaire, c'est rarement pour le remercier d'être présent malgré tous ces mauvais comportements canins évoqués dans le roman. Comme il le dit lui-même, « une fois qu'on a connu les chiens des Pyrénées, les autres chiens semblent manquer de caractère. »

Tous les événements de ce roman sont tirés d'histoires vraies, mais à l'exception de Michel Hasbrouck, tous les personnages, humains et canins, sont fictifs. En ce qui concerne les problèmes canins, on connaît tous l'expression « n'eût été la grâce de Dieu… » Je préfère : « n'eût-été Michel Hasbrouck… » Une bonne éducation canine sauve des vies – celles des chiens, principalement.

Si vous rencontrez des problèmes avec votre chien

Lisez *Dressage Tendresse* de Michel Hasbrouck et contactez un dresseur competent qui ne frappe pas ni cri sur un chien.

CHAPITRE UN

Je vais vous montrer là où je suis né. Fermez les yeux et imaginez un ciel si bleu qu'il vous éblouit, une neige si blanche que son éclat étincelle derrière vos paupières closes, des montagnes qui valsent sous le soleil d'hiver et dansent la farandole toute l'année. En été, les hauts sommets font tournoyer leurs voiles de brume et, taquins, vous accordent pour vous émerveiller un aperçu fugace de leur nudité. La chaîne montagneuse, qui s'étend au-delà de l'horizon, murmure ses noms méridionaux ancestraux, pic de Viscos, pic de Néouvielle, pic du Midi de Bigorre, pic de Macaupera. L'ombre d'un nuage flotte dans le vent, avec la paresse d'un rapace survolant son vaste domaine, et assombrit toute la vallée, le val du Lavadon.

Je suis né dans les Pyrénées, avec mes deux sœurs et mes quatre frères, sept petites saucisses blanches cherchant à l'aveuglette les tétines de leur mère. J'ai vu naître plusieurs chiots au cours de ma longue vie, et ce dont je ne me souviens pas, je me l'imagine aisément. La chaleur et l'odeur de ma mère, les plaisirs somnolents d'un ventre rempli de lait et, sur ce corps, la découverte d'un tout nouveau monde après avoir grandi pendant neuf semaines, petite boule recroquevillée dans le nid douillet de ma mère.

Tant de choses à apprendre... m'étirer, tituber sur quatre pattes, japper pour obtenir à manger, pousser Stratos pour l'éloigner de ma tétine (si vous connaissiez Stratos, vous l'auriez poussé vous aussi), me blottir contre Snow, Sancho et Septimus et m'endormir sur un tas de chiots duveteux.

Mon premier souvenir véritable remonte à mes six semaines environ. Vous savez, quand on ne cesse de vous titiller par une bousculade ou un petit coup de dents, avec un regard en coin destiné à vous faire comprendre que ce manège est parfaitement délibéré... C'est un coup d'œil de trop, grand frère !

Je sens encore cette bouffée de puissance dans mon cerveau, mes pattes, et surtout mes dents, lorsqu'elles s'enfoncèrent dans le coussin rebondi de sa chair comme une griffe dans de la boue. J'ai bien souvent essayé de décrire le plaisir que procure une morsure, mais les mots ne suffisent pas. La première fois, il y a cette légère hésitation lorsque la pointe de vos petites dents perce la surface de la peau, et ensuite vous y êtes ! Mais votre adversaire se tortille, glapit... et tout s'envenime. Il gâche votre moment parfait en appelant au secours, et comme c'est votre frère, vous répugnez à lui faire mal et vous devez vous arrêter – mais vous lui en voulez de vous avoir interrompu.

Voilà, vous avez compris à quel point la vie d'un chien est compliquée. On ne peut pas faire ce que l'on veut, car cette envie même se divise en deux facettes contradictoires qui vous perturbent au plus haut point.

Quand Stratos et moi nous sommes retrouvés, des années plus tard, et que nous avons échangé nos souvenirs au clair de lune, nous avons évoqué ce moment. La première morsure. Le seul point positif au refuge pour animaux, c'est qu'on y voyait la lune. Si d'aventure je trouvais une autre qualité au chenil de la fourrière, je ne manquerais pas de vous en faire part en temps voulu. Mais chaque partie de cette histoire a une place, un moment et une odeur attitrés, et l'heure n'est pas encore venue d'évoquer le désinfectant extrafort, le pus dans les oreilles et l'haleine aux vers de terre. Stratos et moi étions d'accord sur le fait que la deuxième morsure est toujours plus dangereuse, mais aussi plus douce. On a alors conscience d'enfreindre un tabou, sachant qu'il faut être assez fort pour aller jusqu'au bout. Bien sûr, nous parlons ici d'infliger une morsure à un autre chien, et non – chut, ils pourraient nous entendre ! – de mordre un Humain, bien que Stratos et moi ayons également abordé ce sujet, étant donné sa situation. C'est mon héros, vous savez ? Mais comme je l'ai dit, chaque chose en son temps.

Nous voilà donc en plein combat de chiots. Bien sûr, Stratos riposta dès que je lui en laissai l'occasion et me mordit à son tour. Si l'on n'oublie pas le premier coup de crocs que l'on donne, le souvenir de la première morsure subie, en général en réaction immédiate à sa propre tentative, est encore plus vivace ! Pris de panique, je poussai un hurlement avant même d'avoir mal, puis la douleur me remplit de rage et je me jetai de nouveau sur lui. Surpris à son tour, il desserra les dents, non sans une dernière petite secousse comme il en avait l'habitude. À partir de ce moment-là, nous décidâmes qu'il était plus sûr de nous en tenir aux jappements, mais l'envie de pouvoir commençait déjà à démanger Stratos, bien qu'il ne fût encore qu'un jeune chiot.

Un dominant ? Stratos ? Peut-être quand il était petit. Adulte, il n'avait plus besoin de rien faire. Il se contentait de marcher. Et lorsque Stratos marchait, on éprouvait le besoin impérieux de se coucher sur le dos, de remuer la queue et de fixer une montagne imaginaire dans le lointain pour éviter de croiser son regard. On avait envie de lui dire : « Eh, Stratos, tu as oublié de prendre ton petit déjeuner ce matin ? Tiens, voici ma gorge. Je n'en ai pas vraiment besoin. » Mais vous saviez qu'une fois clarifiées les subtilités du rang, vous pouviez le suivre au bout du monde, car ce grand frère vous protègerait au prix de sa vie. Nous formions une meute.

Nos talents étaient très différents et à certains égards, je tirais bien mon épingle du jeu. Ce n'était pas toujours le plus brillant de la meute, mon frère, et il n'avait pas eu l'occasion d'apprendre comme certains d'entre nous. « L'université de la vie, me dit-il plus tard. Certains ont appris par la manière forte, Sirius, et certains d'entre nous sont forts. » Mais même à ce moment-là, j'avais quelques réserves. Et si les choses s'étaient déroulées autrement pour Stratos ?

C'est tout moi, Sirius, le genre de chien à toujours se demander : « et si ? », le genre de chien qui dès son plus jeune âge, pas plus gros qu'une saucisse, bousculait ses frères et sœurs pour atteindre une tétine, ignorant encore que la vie ne se résumait pas à Mère. Ce fut un autre sujet de discussion entre Stratos et moi – Mère, aussi connue sous le nom de Morgana de Soum de Gaia. C'était une reine de beauté et même si nous l'éreintions, « l'accablions d'épuisement » comme elle s'en plaignait, quelque chose dans sa démarche annonçait la princesse qu'elle était. Elle le savait et faisait en sorte de nous le faire savoir. « Un Soum de Gaia ne se comporte jamais ainsi », disait Mère en reniflant de mépris lorsque de l'urine de chiot, ou pire encore, venait souiller la paille « dans sa propre tanière ! » Le coupable était alors soulevé par la peau du cou et jeté dans le jardin, où nous chahutions et mordillions le malheureux qui subissait la discipline de Mère, pour lui montrer que nous la soutenions. Et aussi, bien sûr, parce que c'était amusant. Doublement amusant si c'était Stratos qui avait des ennuis, car alors il lui était interdit de riposter. Moins drôle, tout à coup, quand c'étaient les plis replets de votre propre cou qui étaient agrippés fermement entre quarante-deux dents maternelles et que vous vous retrouviez à pédaler maladroitement dans les airs, moins adepte des vols planés que vous l'auriez cru.

« Un Soum de Gaia se tient ainsi », nous disait-elle en nous exerçant à nous tenir bien droits, la tête haute et légèrement dressée, les pattes avant tendues et parallèles, les pattes arrière reculées dans une posture inconfortable. C'était comme si vous étiez en train de vous étirer lorsqu'on vous disait soudain : « Comme ça, ne bouge plus ! » en vous demandant de tenir la pose. Pourtant, nos séances d'entraînement pour maîtriser « la position » en compagnie de Mère rendaient plus facile le moment où notre humaine dominante nous prenait un par un pour nous poser sur une table et pratiquer le « toilettage » et la « position ». Une épreuve à laquelle Mère ne nous avait pas préparés, c'était « montre-moi ces petites oreilles », quand notre humaine les tirait en arrière et les frottait pour les nettoyer avec de l'huile d'olive.

Vous imaginez le plaisir que nous prenions ensuite à lécher nos oreilles ruisselantes d'huile. Je dois admettre que nous étions les chiots aux oreilles les plus propres de toutes les Pyrénées. Nous n'étions pas non plus préparés à « montre-moi ces petites dents ». Au contraire, Mère ne voulait pas les voir et nous avait elle-même montré les siennes à plusieurs reprises quand l'un de nous avait mordu un peu trop vigoureusement l'une de ses tétines. En revanche, nous n'avions guère le choix devant notre humaine, contraints de montrer nos petites dents quand elle mettait ses doigts dans nos gueules et retroussait nos babines.

Si vous aviez vu la mine de Stratos, vous auriez éclaté de rire. Je ne crois pas que remporter le moindre concours de beauté ait jamais été dans ses cordes, même à cet âge-là ; inspectez les petites dents de Stratos en le regardant dans les yeux et mignon ne serait pas le terme qui vous viendrait à l'esprit. Et encore, le rituel des « petites dents » n'était pas le pire que les garçons aient eu à endurer, bien qu'à cet âge-là on nous laissât relativement tranquilles. Quand j'y repense aujourd'hui, je me demande s'il était vraiment nécessaire que les humains inspectent notre virilité si allègrement et sans la moindre gêne. À l'époque, je me disais simplement que ce chatouillis lorsqu'un humain mettait sa main là-dessous pour vérifier qu'il y en avait bien deux était le lot de tout Soum de Gaia.

Peut-être avais-je raison, car depuis j'ai croisé quelques chiens qui s'estiment suffisamment dans leur bon droit pour considérer cette seule idée comme une provocation justifiant parfaitement le crime en m. Quant à moi, je n'en sais trop rien. Avec les humains, je me dis qu'il faut aussi tenir compte de leurs intentions, car ils agissent souvent pour notre bien – vous savez, à leur manière parfois déroutante. Et Stratos était plutôt surprenant à ce sujet. À en croire le léger éclat qui brillait dans ses yeux, ce rituel ne lui était pas désagréable. Les goûts et les couleurs ne se discutent pas. Quoi qu'il en soit, nous réussîmes l'un comme l'autre le test des « un, deux ! » sans encombre. Rien d'étonnant à cela.

Mère était une princesse et elle connaissait son royaume depuis son plus jeune âge, ayant grandi avec la majorité des autres chiens, les tantes, les sœurs et l'oncle Soum de Gaia. Mais Père venait d'Ailleurs et, à la tombée de la nuit, quand arrivait l'heure des contes avant l'obscurité et les choses sérieuses, Mère nous narrait l'histoire de leur rencontre et une version légèrement édulcorée de leur accouplement. Amados de los Bandidos, mon père. Son seul nom suffisait à vous donner envie de vous enfuir dans les montagnes pour hurler à ses côtés, d'après ma mère, et les informations qu'elle tenait de la bouche de notre humaine auraient fait saliver n'importe quelle chienne. Amados ceci, Amados cela, et surtout Amados pour le mariage. Même une Soum de Gaia peut regarder un rottweiler se pavaner dans la rue, ou encore le caïd du coin malgré sa demi-oreille, sa gale et ses puces, et se demander comment il serait… Voilà ce que nous entendions lors des histoires du soir. Mais ce ne sont que des fantasmes de jeunesse et les dynasties sont fondées sur des parents tels que les nôtres, de sorte que Morgana accepta son destin (et nous le devions nous aussi, tel était le message maternel).

Ils s'étaient rencontrés lors du rassemblement annuel, la Grande Fête à Argelès-Gazost. La neige étincelait sur les sommets et il y avait des chiens partout, non seulement des bergers des Pyrénées, mais aussi des bergers catalans et des grands mâtins aux yeux troubles et injectés de sang. Il y avait de la musique et des danses, des cafés où se bousculaient les chiens et leurs propriétaires, ainsi que des promenades festives dans des calèches tirées par des chevaux. Des banderoles étaient tendues entre les maisons, les chevaux arboraient des guirlandes et même certains chiens portaient des foulards béarnais rouges et jaunes autour du cou. Apparemment, tout avait été organisé pour célébrer la rencontre de mes parents. Et où l'événement eut-il lieu ? Sur le ring d'exposition, évidemment, rien de moins. Pendant qu'elle paradait avec les filles, il était nonchalamment appuyé contre le poteau de la barrière, engagé dans l'une de ces compétitions de bave, dont le filet pouvait atteindre une longueur de queue si on avait de la chance.

Stratos et moi avons discuté de nos techniques de bave et il reconnaît qu'il perd souvent par manque de patience. Avant que le filet ait atteint une longueur équivalente à la moitié de sa queue, l'envie de secouer la tête est devenue trop forte et il ne peut y résister – quand la peau du menton se met à vibrer, que les oreilles claquent et que la bave fraîche projette votre odeur alentour aussi loin que le permet une bonne secousse. Je lui ai expliqué que si, comme moi, il reste calme et parfaitement immobile, s'il se concentre pour créer la plus longue stalactite de bave de l'histoire, alors la joie de secouer la tête n'en devient que plus grande, mais il en est incapable. Pourtant, nous avons tous deux réussi à arracher des cris de plaisir à nos maîtres, ravis par la qualité de nos jets de bave – il est même arrivé que le mien s'empresse de mouiller davantage son corps et ses vêtements déjà arrosés. Quelle satisfaction !

Voilà donc Père, en train d'amorcer un filet de bave – or comme je l'ai dit, il faut une certaine chance et ce ne fut pas son cas ce jour-là. Son humain avait passé un torchon sous la gueule de mon père avant même qu'il ait atteint une longueur respectable et, quand Mère lui avait lancé un coup d'œil enjôleur, elle n'avait vu que la mine penaude et renfrognée de son promis, dont la partie inférieure du visage disparaissait sous la serviette rose qui lui essuyait la mâchoire. Elle nous raconte qu'elle éclata alors de rire, si fort que le juge la récompensa pour la « meilleure expression » en vantant le caractère enjoué dont elle faisait preuve sur le ring. Bien sûr, ce fut elle la grande gagnante. Cela va sans dire. Mais je n'ai pas l'intention de vous ennuyer avec les prix et les trophées de la famille, car ce n'est pas le tournant que prit ma vie.

Puis ce fut au tour de ma mère de l'admirer et, cette fois, son humain se montra plus utile. Il savait qu'elle le regardait et chacun de ses pas altiers, son port de tête, l'éclat de son regard, tout lui était adressé. Lorsqu'il prit sa pose statique, il la regarda bien en face, de ses yeux marron à vous faire fondre le cœur. Elle était conquise. Le juge souligna son bel aroundera et sa « qualité de star », comme s'il se produisait devant un public spécial. Tu m'étonnes. Pour ceux d'entre vous qui ne sont pas familiers avec mon univers, l'aroundera est le nom que, dans les Pyrénées, nous donnons à la roue, ce grand cercle que forme notre queue quand nous sommes heureux, excités, ou juste pour dire : « Eh, les gens, regardez-moi ! » Les mots humains sont tellement limités en comparaison avec ce qu'un chien peut exprimer avec sa seule queue, mais en résumé, aroundera rhime avec bonne humeur. Et plus belle est la queue, plus parfait est l'aroundera. La queue de Père était sans défaut, un somptueux panache incurvé aux proportions parfaites. Son coup de maître, c'était qu'il gardait sa queue au repos – basse, détendue, avec ce petit crochet tout au bout prêt à se tendre – puis la redressait dès que le juge posait les yeux sur lui. Tel le grand séducteur qu'il était, mon père exécutait ce mouvement avec un sens du timing irréprochable. Bien sûr, il sortit vainqueur de la compétition. Cela va sans dire. Je crois qu'à cette époque, il était déjà Champion de France, d'Espagne, du monde, de l'univers et au-delà, difficile pour lui de ne pas être blasé par les concours.

Ils eurent l'occasion de faire plus ample connaissance, par un contact plus intime, nez à croupe, tandis que leurs humains discutaient trajet et transport. Deux mois plus tard, ma mère partit pour les montagnes. Mais ce n'était pas parce qu'il l'avait « conquise » lors de l'exposition qu'elle comptait lui faciliter la tâche. Oh, non. Elle aimait autant qu'une autre qu'on lui fasse la cour, et ce petit jeu passa par chaque recoin de terrain qu'elle put parcourir, chaque buisson derrière lequel elle put tourner, et chaque insulte qu'elle put lui lancer lorsqu'il la rattrapa. Personne ne leur aurait donné le prix de beauté ni n'aurait osé inspecter leurs petites dents, lorsque Mère cessa enfin de se dérober pour succomber au plus vieil instinct du monde. Et bien qu'elle ne l'eût plus jamais revu ni entendu parler de lui, elle nous assura que son nom figurait sur nos certificats de naissance. Et quel nom. Quel chien. Une réputation dont nous devions nous montrer à la hauteur.

« Tu parles d'une pression ! » dis-je à Stratos. Parmi les autres, certains s'en enorgueillissaient : les concours, le père venu d'Ailleurs, un nom si romantique – rien de plus qu'un nom et votre imagination… mais Stratos et moi avions toujours aspiré à plus. Nous n'avions aucune idée précise de ce que nous voulions, mais nous étions déjà certains de vouloir autre chose. Nous avions atteint nos huit semaines, l'âge de la Sélection, quand nos chances d'autre chose pouvaient venir frapper à tout moment à notre porte.

CHAPITRE DEUX

C'est une vérité universellement reconnue qu'un chiot de huit semaines doté d'un excellent pedigree doit avoir besoin d'un maître. Nous étions sept. Les filles, Snow et Stella, pouvaient être de vraies femelles, même à huit semaines. Dès que vous dégotiez un brin de paille agréable à mâcher, l'une d'elles vous frappait d'une patte en chouinant : « Je le veux », et bien sûr si vous étiez ensommeillé et ne vous sentiez pas d'attaque pour claquer des dents et lui pincer la truffe comme elle le méritait, mais la laissiez obtenir ce qu'elle désirait, devinez quoi – la paille moelleuse était abandonnée quelques secondes plus tard au profit d'un objet plus attirant – pourvu que quelqu'un d'autre semble s'y intéresser.

Personnellement, si je voyais l'un de mes frères avec un jouet particulièrement alléchant, j'en profiterais au moins quelque temps, de préférence sous ses yeux, après le lui avoir volé. Allez comprendre les filles, du moins certaines d'entre elles.

C'était donc sans surprise que, depuis l'âge de six semaines, Snow sautait sur les tas de paille en proclamant au monde entier qu'elle allait « rester ». Elle avait entendu l'humaine aborder avec un autre humain la question de « celui qui », et elle avait reconnu son nom dans la réponse. Mère avait dû la réprimander un nombre incalculable de fois, en lui ordonnant de ne pas se prendre pour la reine des concours canins, la Grande Soum de Gaia, du moins pas avant quelques années encore, mais elle dévoilait ses petites dents et agitait ses petites oreilles à qui voulait bien la regarder. Stratos et moi nous exercions alors à baver et la prenions parfois par surprise, à notre grand plaisir. Mère avait beau nous affirmer que les qualités d'un champion mettent longtemps à se développer, bien au-delà des huit semaines, et – en fusillant Snow du regard – qu'un bon caractère est un trait essentiel, Stella était suffisamment agacée contre sa sœur pour compromettre ses propres qualités de championne en faisant claquer doucement sa mâchoire autour du cou de Snow.

Au bout d'un moment, nous ne réagissions même plus. Chaque fois que Snow commençait, je rappelais à Stratos que nous avions envie d'aventures – et tout le monde sait que les aventures se trouvent ailleurs. En réalité, je savais bien peu de choses. Et alors que nous nous habituions aux fanfaronnades incessantes de Snow, Stella nous apprit qu'elle allait s'envoler.

Nous n'étions pas stupides au point de la croire, bien sûr, mais nous la bousculâmes dans une flaque pour la punir de son culot. Nous savions ce que *voler* signifiait. Les poules le faisaient parfois – pas très bien, d'ailleurs. Même si elles se trouvaient à deux enclos du nôtre, nous pouvions les voir à travers la grille en train de caqueter, jacasser et battre des ailes. Il y avait aussi les buses, les faucons et les aigles. Si vous restiez sur le dos après avoir roulé par terre, vous entendiez peut-être un cri ou un sifflement et là-haut dans le ciel, vous voyiez planer une petite tache. Ce n'est pas vraiment ce qu'on pourrait qualifier de vol, en tout cas, pas d'après Septimus. Selon lui, voler demandait une activité physique frénétique.

Mon frère aîné était un passionné de vol. À ses yeux, un geai représentait la perfection. Il aimait le sautillement, la course et l'envol puissant. Il nous en faisait la démonstration, s'envolant parfois aussi haut que le cageot de pommes. Puis il sautillait, courait et se préparait sur la branche, avant de se lancer dans un vol plané à basse altitude entre les pommiers du verger – ou en l'occurrence, un rebond sur le cageot, suivi par un atterrissage abrupt sur le béton. Mais il croyait toujours pouvoir y arriver un jour s'il apprenait la bonne technique et il passait des heures près de la clôture, sur la gauche de notre enclos, du côté du verger.

Ainsi, quand Stella déclara qu'elle allait voler, nous crûmes tous qu'elle avait monté une histoire de toutes pièces pour contrarier Septimus, même si aucun d'entre nous n'en comprenait la raison. Nous étions justement en train de la chahuter en nous entassant les uns sur les autres lorsque Mère arriva.

Quelques petits coups habiles, une patte à gauche, une patte à droite, et des chiots intimidés émergèrent bien vite du méli-mélo. Évidemment, Stella s'empressa de dire que nous nous en étions pris à elle, alors qu'elle venait de nous annoncer qu'elle allait s'envoler. Nous nous attendions à ce que Mère lui réponde qu'elle était trop grande pour inventer de telles balivernes, mais cette dernière se contenta de dire :

— Et ?

— Et ils ne m'ont pas crue, gémit Stella.

Je reconnais au moins cette qualité à Snow ; elle n'était pas geignarde. Et quand je la rencontrai de nouveau quelque temps plus tard, elle essaya de parler en ma faveur... mais ne brûlons pas les étapes.

Mère nous montra les dents pour nous rappeler de ne pas aller trop loin – limite que j'estimais à la distance d'un coup de griffe.

— Stella va s'envoler, déclara-t-elle. C'est l'humaine qui l'a dit.

Sur ces mots, elle s'en était allée, les oreilles en arrière et la queue basse, visiblement de très mauvais poil. Il aurait fallu être particulièrement courageux ou idiot pour la poursuivre en jouant à « jusqu'à quelle hauteur de croupe je peux enfoncer mes crocs » et aucun de nous n'était aussi stupide. Septimus s'en alla bouder dans son coin, contemplant le verger d'un air triste et songeur. Une fois que Stella fut trop loin pour nous entendre, nous nous mîmes à discuter, cherchant à savoir si elle tomberait la tête la première lorsqu'elle apprendrait à voler, au risque d'écraser son joli minois. De toute façon, la connaissant, elle n'en ferait qu'à sa tête... cette idée nous amusa beaucoup et nous reprîmes nos conversations sur le sort qui nous serait réservé à nous, les garçons.

Je suppose qu'il me faudrait décrire notre humaine. C'est difficile de ne pas laisser la suite de ma vie influencer mon récit et de me remémorer les événements par le prisme de mon innocence de chiot, mais je vais essayer. Notre humaine était une grande femelle qui nous surplombait, qui disait des choses et les réalisait. Quand nous commençâmes à avoir plus faim et que Mère claquait ses crocs vers nous lorsque nous enfoncions nos petites dents dans sa chair tendre, l'humaine nous apporta une nouvelle nourriture très savoureuse. Bien sûr, nous essayâmes d'abord de l'aspirer et envoyâmes des projectiles un peu partout. Elle nous disciplina. Chacun avait une gamelle. Si l'un de nous essayait de se servir dans la gamelle d'un autre, il rencontrait le pied de l'humaine, qui lui barrait le passage et le repoussait vers son propre bol. Comme Mère, elle n'aimait pas que nous faisions usage sur elle de nos petites dents, pas même sur le tissu qu'elle portait autour de ses jambes, et elle nous repoussait avec le pied, de plus en plus rudement. Nous apprîmes à détester ses pieds et à nous écarter sur leur passage. Nous détestions encore plus le balai, un immense bâton qui se précipitait vers nous pour picoter nos petites jambes. Parfois, elle se servait du balai pour nous éloigner du chemin, pour « épargner ses chaussures », comme elle l'avait dit à cet autre humain qui l'accompagnait souvent pour nous rendre visite.

Tout était organisé et elle s'assurait que les gamelles soient pleines d'eau fraîche chaque jour, et que nous ayons... je crois que c'était plus de trois repas par jour, mais cela fait longtemps et j'oublie un peu. Je me souviens que l'on pouvait deviner l'heure des repas à l'aiguille sur le mur de la ferme. Elle n'était jamais en retard. Elle s'arrangeait aussi pour nous câliner, chacun à notre tour. Elle prononçait nos noms, nous retournait sur le dos et nous gratouillait le ventre en souriant, parfois même en riant. C'était le bon temps. Je vous ai déjà parlé des petites dents, des petites oreilles et de « la position ». Vers l'âge de six semaines, nous rencontrâmes d'autres humains, des petits. Elle leur disait :

« C'est bon pour la socialisation », et les petits humains suivaient la même routine qu'elle, nous prenant chacun à notre tour pour nous faire des câlins. Un petit humain me chuchota à l'oreille : « Tu es mon préféré », et je ressentis une bouffée d'amour, comme la promesse qu'il pouvait se produire quelque chose de spécial entre un humain et un chien. Maintenant, je me demande s'il disait cela à tous les chiots.

L'humaine nous donnait des jouets, des chiens en peluche et des os en plastique, pour lesquels nous nous disputions. C'était bon de sentir de nouvelles textures dans sa gueule, et il était bien moins dangereux de me disputer avec Stratos pour un lapin bleu que d'user de mes dents contre lui. C'est un mot intéressant, « bleu ». Vous autres, les humains, souffrez d'une mauvaise ouïe et d'un sens de l'odorat quasi inexploitable, si bien que vous avez dû compenser en développant votre vue de manière très originale. Rien d'utile, comme la vision nocturne, mais en revanche vous voyez plus loin que les chiens. Même lorsque quelque chose demeure immobile, là où nous devons attendre de capter un mouvement, vous êtes capables de le distinguer. Et vous autres, les humains, faites également des différences entre les couleurs. Malheureusement, comme un chien de la ville qui découvrirait les senteurs d'une promenade à la campagne, l'humain moyen est obsédé par la couleur, ça le rend complètement fou. Ainsi pour notre humaine, il était important que nous ayons des jouets de couleurs différentes alors que nous aurions préféré des variations d'odeurs pour nos truffes, ou de formes pour nos gueules. Nous trouvâmes néanmoins une solution. Nous distinguions sans aucun problème le lapin bleu du lapin vert ; le lapin bleu sentait la souris morte et le lapin vert le romarin. Bien sûr, nous préférions tous le lapin bleu et l'humaine ne manquait pas de préciser aux gens que c'était une preuve de grande intelligence. Elle avait raison.

Les humains allaient et venaient, de plus en plus nombreux, pour notre « socialisation » et nous en avions pris l'habitude. Parfois, les câlins et les caresses n'avaient rien d'amusant, surtout lorsque nous étions fatigués et qu'ils pouvaient être remis à plus tard. Ce fut ainsi que Stratos laissa passer sa première chance.

C'était tout juste le jour de nos huit semaines, par un chaud début d'après-midi. Vraiment chaud. Nous paressions tous çà et là, ouvrant parfois un œil pour vérifier si tel petit nuage avait progressé dans le ciel d'un bleu pur, ou renifler les senteurs de rose, de cerises ou de fromage, selon ce que l'air nous portait.

Stratos était étalé, les quatre fers en l'air, et ronflait comme une tronçonneuse. J'entendis les humains arriver, avec tous leurs caquetages. On aurait dit un regroupement de geais, si ce n'est que les geais ont assez de jugeote pour ne pas se réunir et produire un tel vacarme. J'étais absorbé dans mes joyeuses réflexions, me demandant pourquoi les geais étaient mieux organisés socialement que ces humains qui ne semblaient pas se rendre compte du volume sonore de leurs propres voix, lorsque celle de l'humaine retint tout particulièrement mon attention.

— Ce sont de vrais trésors, disait-elle. La meilleure portée que j'aie jamais eue, si pleine de promesses, et bien sûr ils sont déjà tous réservés...

Réservés ? C'était la première fois que j'entendais ce mot. Et elle avait une voix différente de celle qu'elle employait habituellement avec les autres humains et avec nous. Je sentais déjà à ce moment-là que c'était un ton particulier. Depuis, je l'ai si souvent entendu que je sais exactement ce qu'il signifie. C'est le ton que prennent les humains pour remporter des votes, dans les dîners chez la belle famille ou derrière les comptoirs des boutiques.

Mon humaine souleva Snow de terre.

— C'est la petite que je vais garder. Regardez sa tête...

Snow fit un effort ensommeillé pour montrer ses yeux et ses petites dents.

— ... et sa pose statique...

Bien droite, Snow donna sa version de « la position ». Si une plume avait effleuré ses pattes arrière au même instant, elle se serait sans nul doute effondrée.

— Et celle-ci.

L'humaine prit Stella dans ses bras, la tournant et la retournant pour obtenir des « oh », des « ah », et des « n'est-elle pas mignonne » de la part des quatre nouveaux humains, deux grands et deux petits.

— ... elle est déjà réservée.

Stella rejoignit sa sœur et opta pour une position plus confortable, son museau fourré dans le coude de Snow. Peu de temps après, elle pourchassait des lapins dans son sommeil, ses pattes arrière remuant tandis qu'elle courait dans des bois imaginaires où aucun des lapins n'était bleu.

Puis, à la surprise générale, et surtout celle du chiot qu'elle avait soulevé, notre humaine montra Savoie-Fer aux nouveaux venus :

— Et ce petit gars s'en va dans des montagnes encore plus hautes.

C'était une première nouvelle pour nous tous.

— Il a été choisi par un éleveur, dans les Alpes. Ce sera

son nouveau champion. Nous te reverrons dans des concours, n'est-ce pas, mon chou ?

Je ne sais ce qui était le plus stupéfiant ; « chou » – que nous entendions pour la toute première fois – ou « champion » que nous avions souvent entendu, généralement suivi du nom de notre père. Mais Savoie-Fer, ou Savoie-Frère comme nous l'appelions, un champion ? Dans mon hilarité, je manquai de faire pipi.

— Comme vous êtes les premiers à venir, vous pouvez choisir parmi les autres mâles...

J'inclinai une oreille, mais il faisait très chaud et je ne connaissais absolument rien de ces gens. Je ne m'empressai pas d'aller leur donner des coups de langue en remuant la queue. Non, je me contentai d'écouter, de réfléchir et d'attendre. Le nouvel humain parlait à sa femelle et à ses petits :

— N'oubliez pas tout ce dont nous avons parlé. Il ne s'agit pas de celui qui sera le plus mignon, sa personnalité est importante et nous voulons un chiot en qui avoir confiance.

Mon humaine l'interrompit :

— Voulez-vous que je vous parle d'eux ?

Monsieur Nouvel Humain sourit à sa femelle.

— Merci, mais nous préférons choisir nous-mêmes.

Dès que mon humaine détourna le regard, il fit une amusante mimique, fermant rapidement son œil tout en haussant un sourcil.

— Voyons voir, les chiots...

Il se pencha sur nous, avant de s'écrier :

— Ici, petit, petit ! d'une voix tonitruante.

J'étais le plus proche et ne pus m'empêcher de sursauter. Les filles se pelotonnèrent l'une contre l'autre. Sancho et

Savoie-Fer roulèrent sur le côté pour se relever en jappant. Seuls deux d'entre nous ne semblèrent pas s'en émouvoir. Stratos ne bougea pas un muscle. Il resta allongé sur le dos comme si les cris assourdissants étaient monnaie courante dans notre enclos. Sa seule réaction fut d'interrompre ses ronflements. Quant à Septimus, il était ailleurs, totalement concentré sur ses geais, grommelant à part lui ses dernières observations à propos des techniques de vol.

Les humains ont des réactions si lentes que je suis prêt à parier qu'ils ratèrent ce qui se produisit alors. Un geai s'envola dans le verger et se posa en sautillant sur la clôture près de Septimus. Il voleta avant de reprendre sa danse au beau milieu de notre terrain, derrière les nouveaux humains, où il picora frénétiquement une planche de bois pourri.

Lorsque le geai atteignit la barrière au-dessus de sa tête, Septimus sauta presque aussi haut et fit une vrille à mi-hauteur pour tenter de rejoindre son héros volant. Je l'entendais aboyer : « Juste une petite question sur l'aérodynamisme », tout en se servant du ventre de Stratos comme d'un trampoline. Bousculés, Sancho et moi vînmes rouler contre nos deux sœurs, tandis qu'il s'élançait vers le geai comme si sa vie en dépendait. En l'occurrence, ce fut le cas.

— Quelle beauté ! s'exclama la voix de stentor sur un ton triomphal, tandis que le nouvel humain soulevait Septimus avant que le chiot ne détale en courant. Vous avez vu, tout le monde ? Voici le mâle dominant de cette portée, sans nul doute. Je n'ai pas raison ? fit-il en se tournant vers notre humaine.

— En effet, dit-elle, rayonnante. Je suis épatée par votre perspicacité.

— L'expérience, répondit-il en souriant, alors que sa femelle gardait le silence. Vous avez vu comme il a accouru quand je l'ai appelé ? Vous voyez comment il a su se faire respecter des autres ? Regardez, les autres ont peur de lui ! C'est le chien qu'il nous faut. Nous l'appellerons Killer.
— Je peux le porter papa, je peux, je peux ?
— Du calme ! Killer, Killer, ici mon garçon !
La femelle les interrompit alors, d'une voix douce :
— Peut-être a-t-il déjà un nom, mon chéri.
Elle regardait notre humaine d'un air interrogateur.
— Septimus. Nous l'avons appelé Septimus, car c'était le septième et le dernier chiot. Et bien sûr, c'est l'année du S.
— C'est donc le nom qui figure sur son certificat de naissance, reprit la femelle.
— Oui, et il sera sur son pedigree quand vous récupérerez le formulaire officiel de la S.C.C.
— Et vous l'appelez Septimus, donc il y est habitué...
— C'est exact, répondit notre humaine sur un ton guilleret.

Or, même si elle nous avait déjà donné nos noms, en pratique elle nous appelait tous « petit ». Voix Tonitruante avait donc toutes les chances de nous voir accourir lorsqu'il nous avait appelés.

— Je sais que Killer est un joli nom, et qu'il lui va comme un gant, mais ce serait dommage de perdre le bénéfice de tout cet apprentissage, tu ne penses pas, mon chéri ? Et tu nous as dit qu'il était important qu'un chien connaisse son nom le plus tôt possible... tiens, laisse-moi essayer.

Elle prit Septimus dans ses bras et le cajola avec une telle tendresse qu'on pouvait sentir sa chaleur rien qu'en la regardant. Elle susurra :

— Timmy, qui est le plus beau, le meilleur, le plus intelligent ? Timmy, Timmy…

Septimus était si excité et heureux – et soulagé – que quelques gouttes lui échappèrent, manquant de peu Nouvelle Femelle qui éclata de rire.

— C'est bon signe. Qu'en pensez-vous ?

La petite femelle tendait déjà les bras.

— Timmy, essaya-t-elle.

Mon frère agita sa petite queue en passant dans une autre paire de mains. Nouvelle Femelle donna des instructions quant à la manière de le tenir.

— Oui, Timmy, c'est pas mal. J'aime bien Killer, dit Petit Mâle en regardant Grand Mâle, mais je ne sais pas. Mes amis pourraient s'attendre à ce que ce soit un rottweiler ou un chien de ce genre, alors que c'est une peluche toute blanche…

Nouvel Humain haussa les épaules.

— D'accord, Septimus… Timmy. Mais ne t'y trompe pas, fiston. Ce chien sera un aussi bon chien de garde qu'un rottweiler – et plus grand !

— Un gardien, pas un chien de garde, rectifia notre humaine. Les patous sont élevés depuis des siècles pour garder les moutons dans les montagnes. Ils peuvent affronter un loup pour protéger leurs brebis – et leur famille – c'est-à-dire vous, maintenant.

Elle adressa aux petits humains son sourire le plus éclatant.

— Venez à l'intérieur pour les détails administratifs et je vous montrerai les photos des colliers à pointes qu'ils portaient à l'époque, pour se protéger contre les loups – et pour rester éveillés. Peu de gens savent que ces colliers étaient volontairement inconfortables pour empêcher les patous paresseux de dormir pendant leur travail.

— Il y a de nouveau des loups dans le coin, n'est-ce pas ?

Nouvel Humain reprit sa voix puissante et rejoignit la porte menant hors de l'enclos, en compagnie de notre humaine. En silence, la femelle emporta Septimus dans ses bras. On percevait cette émotion et ce regard que partagent un humain et un chien, et que vous n'oubliez jamais une fois que vous les avez connus une fois dans votre vie. Appelez cela de l'amour si vous voulez, mais je suis persuadé qu'il existe un mot spécial pour exprimer ce sentiment. La femelle parvenait même à englober ses petits humains dans cette douce émotion. Une famille. Septimus était devenu un chien de famille. Et je savais qu'il serait bon dans ce rôle. J'espérais que, là où il serait, il aurait toujours des geais à admirer.

— Bonne chasse, petit frère, aboyai-je, aussitôt imité par les autres.

Un bâillement retentit et l'on entendit Stratos s'étirer.

— J'ai raté quelque chose ?

— Nous avons perdu notre mâle dominant, lui dis-je. Septimus. Il a une famille, maintenant.

— Septimus, fit Stratos d'une voix traînante.

Puis il s'allongea de nouveau, les pattes avant tendues devant sa tête, étira ses jambes comme une grenouille et grommela entre ses pattes :

— Il fait chaud aujourd'hui. La chaleur, ça ramollit le cerveau, vous savez.

Il ne fit même pas l'effort de réagir au commentaire narquois qui ne manqua pas de fuser – du style : « Ça ne te change pas beaucoup ! » Je me demandais souvent ce qu'il se serait passé si la journée avait été plus fraîche. Et s'il n'y avait pas eu de geai ! Aurais-je été pris à la place de Septimus ? Ou était-il vraiment le mâle dominant que cherchait Nouvel Humain ? Aurait-il pu choisir Stratos ? Et cela l'aurait-il sauvé ? La femelle aurait-elle été assez forte ?

CHAPITRE TROIS

Notre neuvième semaine fut très chargée. Le lendemain du départ de Septimus, un autre Nouvel Humain arriva. Celui-ci ne parlait pas fort, ne tapait pas du pied, et notre humaine employait sa voix normale lorsqu'elle s'adressait à lui.

— C'est un nom ingénieux, disait-elle en s'approchant de nous. Je comprends Savoie, bien sûr, mais pourquoi "Fer" ?

Il sourit.

— Vous connaissez ce vieux dicton, le conseil que nous donnons à tous nos clients à propos de l'éducation des patous ?

Elle fronça les sourcils, avant de comprendre.

— Fer... bien sûr ! Une main de fer dans un gant de velours ! Très bon ! Vous avez un vrai savoir-faire.

Elle éclata de rire à sa propre plaisanterie – sans doute assez mauvaise à en juger par la réaction qu'elle obtint – puis elle désigna mon frère. Le Nouvel Humain s'accroupit, parla d'une voix douce et tendit les bras. Ses mouvements étaient lents et fermes à la fois. Je ne peux me prononcer pour les autres, mais en ce qui me concerne, j'avais l'impression que les mots gentils de l'humain formaient une corde qui nous attirait irrémédiablement vers lui. Même si je savais qu'il n'était pas l'*Humain*, j'avais envie d'être à ses côtés. Savoie-Fer aussi avait dû ressentir cette émotion, sans doute encore plus vivement, car il fut le premier à atteindre la main tendue, à la renifler et à l'accepter en donnant de petits coups de langue à son futur maître. Monsieur Savoie gratifia les autres chiots de quelques caresses, mais il n'avait d'yeux que pour le sien. On devinait qu'il appréciait ce qu'il voyait. Tendrement, mais d'un geste sûr, il inspecta Savoie-Fer qui ne cessa de remuer la queue, même lorsqu'on compta « un et deux » – test qu'il réussit, bien évidemment.

— Oui, déclara Monsieur Savoie. Oui, il sera parfait.

Notre humaine était si radieuse que son sourire eût éclipsé le soleil. Elle se mit à parler de gènes et de pigmentation, avec une telle rapidité que je crus voir le moment où elle allait se mordre la langue tant les mots se bousculaient dans sa bouche. Monsieur Savoie hocha la tête, sourit et dit posément, comme s'il songeait tout haut : « Allez viens, mon grand », en soulevant Savoie-Fer dans ses bras.

Ce fut à ce moment que je compris que Septimus avait raison ; un chiot pouvait voler, dans les bras d'un humain. « Allons-y ! Allons-y ! » glapissait Savoie-Fer depuis les hauteurs où il était juché, tout en se tortillant dangereusement. Mais ces bras-là n'étaient pas aussi détendus qu'ils en avaient l'air. Une main de fer.

— À bientôt, Champion, aboyai-je. Bonne chasse, petit frère.

Il s'avère que je ne le revis plus jamais, mais il faudrait

être sourd, muet et aveugle pour ne pas avoir entendu parler de lui. Le digne fils de son père, et plus encore. Les titres de Champion de France, d'Espagne, de l'univers et au-delà étaient courants dans notre famille, mais Savoie-Fer ajouta Crufts au palmarès. Traverser la Manche n'est pas aussi facile qu'on pourrait le croire ; ils ne fonctionnent pas de la même façon là-bas. Après Crufts, Savoie-Fer eut des portées de chiots dans l'Europe entière. *Bravo, Champion,* songeais-je chaque fois que j'apprenais l'arrivée d'un nouveau membre dans notre lignée royale. Le suivant à partir fut Sancho. Ses humains étaient deux femmes et, avec elles, notre humaine s'exprimait d'une voix aiguë. Elle ne cessait de commencer des phrases sans jamais les terminer.

— Et le chiot sera pour...
— Nous deux.
— Il ne peut y avoir qu'un seul nom sur les documents, je le crains – comme je le dis toujours aux couples, mais ce sont des couples mariés, alors ce n'est pas exactement pareil... ah, les voilà.

Comme si les nouvelles femmes n'avaient pas remarqué les cinq chiots aussi gros que des petits oursons qui gambadaient autour d'elles !

C'était la première fois que je voyais un humain se soucier de ce que pensait et de ce que souhaitait celui qui l'accompagnait. J'en étais abasourdi. Jusqu'à présent, j'avais cru que le discours interhumain consistait à affirmer ce qu'on voulait, ou à cacher ce qu'on pensait tout en obtenant de l'autre qu'il fasse exactement ce que l'on attendait de lui – différentes méthodes pour le même résultat. À présent, je devais envisager que les humains soient capables de générosité et de désintéressement, aussi invraisemblable que cela paraisse.

Nous étions tous en pleine forme et aussi mignons que possible ce jour-là, même Stratos, et le choix ne fut pas aisé. Les humaines ne cessaient de surenchérir en lançant de petits commentaires pour aiguiller leur choix :

— Il a des yeux adorables, tu ne trouves pas ?

— Mais regarde cette tache marron autour de ses yeux, et les taches de rousseur de celui-ci...

— Blaireau, précisa notre humaine en leur donnant le terme technique décrivant les taches grises dont les patous étaient parsemés. Et les taches rousses sont appelées "arrouye", ou rouille, mais je n'ai aucun arrouye cette fois-ci. On n'en voit plus beaucoup de nos jours, c'est bien dommage.

— Je croyais qu'ils étaient tous d'un blanc pur ?

— Non, en fait si vous essayez d'obtenir des blancs purs uniquement, vous aurez des problèmes de truffe rose et, pire encore, des chiens sourds. Il existe un lien génétique entre la surdité et le manque de pigmentation. Et quand on connaît bien cette race, on en vient à apprécier ces taches tout autant qu'un pelage blanc... j'ignore pourquoi, mais c'est souvent le cas.

— C'est différent, je trouve, toutes ces taches... *blaireau* autour des yeux, comme un masque...

— Comme Zorro, ajouta l'autre humaine. Moi, j'aime l'idée qu'ils soient différents.

Elles échangèrent un regard et notre humaine tourna la tête de l'autre côté. C'est ainsi que Sancho devint Zorro et s'envola rejoindre sa famille dans une autre paire de bras humains.

— Que les loups craignent le seuil de ta maison, aboyai-je. Bonne chasse, petit frère.

L'annonce que nous fit ensuite notre humaine, « Stella

s'envole demain », nous laissa un jour entier pour persécuter notre sœur. Dieu sait que nous en profitâmes au maximum. Elle était maniaque de la propreté, Stella, et il était plutôt facile de la mettre en colère ; n'importe quel mélange d'eau et de boue faisait l'affaire, et Stratos et moi étions des experts. Ainsi, lorsque le nouvel arrivage d'humains fit son apparition, notre humaine ne fut pas du tout ravie de découvrir sa fille d'un blanc immaculé couverte d'une croûte de substance marron des plus douteuses. Si les humains avaient bénéficié du moindre sens de l'odorat, ils auraient eu tôt fait de comprendre de quoi il s'agissait.

Notre humaine prit une brève inspiration et s'exclama :

— Elle n'est pourtant pas du genre à se salir ainsi. Je vous jure que je l'ai déjà nettoyée quatre fois, et pourtant regardez-la !

Le rituel du regard, du choix et du câlin prit donc un léger retard, le temps qu'elle essuie Stella, la sèche et la vaporise de ce parfum révoltant qui, d'après notre mère, était l'une des techniques d'exposition employées par notre humaine.

— Voilà, c'est mieux.

Stella secoua tout son corps, des oreilles à la queue, pour donner plus de volume à son pelage. Elle avait beau savoir que le choix avait déjà été arrêté, lorsque je lui avais rappelé que les gens changeaient parfois d'avis – oncle Diego me l'avait raconté – elle avait gémi pendant une éternité, la tête entre ses pattes, avant de me frapper en décrétant qu'elle ne me croyait pas.

— Et vous repartez directement à l'aéroport ?

— Je le crains. Nous avons passé quelques jours à Paris – nous ne pouvions pas être de passage en France sans faire les Champs-Élysées, fit le nouvel humain en regardant sa femme, mais ma carte de crédit ne pourra pas supporter plusieurs jours de ce traitement.

Tout le monde sourit.

— Ne l'écoutez pas, dit la femme en posant une main sur son bras. C'est un chou et il ne peut pas s'empêcher de me faire des cadeaux.

Ah, encore ce mot « chou ». Mais cette fois, il semblait à sa place sur les lèvres dont il s'échappait – j'imagine qu'on s'y habitue. Comprendre tout ce que ces mots signifient est l'apprentissage le plus difficile.

— De Toulouse à Charles-de-Gaulle, puis retour à Miami. Mais ne vous inquiétez pas pour notre petite puce, tout ira bien... Tu sais quoi ? Pendant le vol longue distance entre Paris et les États-Unis, tu pourras regarder par le petit hublot et voir les nuages d'en haut.

Stella buvait chaque parole comme du petit-lait, si absorbée qu'elle ne remarqua pas Stratos en train de vomir les restes d'un gros scarabée. Pour savoir que c'était un scarabée, encore eût-il fallu voir Stratos le mâcher quelques instants plus tôt. Et savoir que l'un des talents de Stratos consistait à vomir chaque fois qu'il en avait envie. Ainsi, avec l'arrivée imminente de la nouvelle famille de Stella, un chiot intelligent aurait vu Stratos manger un scarabée et aurait vite fait le rapprochement. Stella n'avait sans doute rien remarqué, mais Stratos se mit à produire des bruits de suffocation inquiétants, suivis par une expectoration colorée, attirant inévitablement l'attention des humains.

— Non, non, ne vous inquiétez pas pour lui, s'exclama notre humaine, dont la voix était montée d'une octave. Ce n'est qu'un peu d'herbe mâchouillée qu'il recrache.

Personne, pas même un humain, ne pouvait regarder ce

que Stratos avait rejeté et en conclure qu'il s'agissait d'herbe recrachée. Stratos était décontenancé. Quel gâchis de ses talents d'artiste ! Ils l'avaient à peine regardé. Il escomptait pourtant provoquer un moment d'angoisse à l'idée qu'il puisse être atteint d'une maladie mortelle. Mais non. Notre humaine avait repris ses jacasseries.

— Oui, inspectée par le vétérinaire hier et tout est parfait.

Aucune justice dans ce monde. Stratos avait perdu tout intérêt et s'en allait déjà quand la nouvelle femme glissa la main dans sa poche.

— J'ai apporté ça spécialement pour toi, ma belle. Aurais-je pu faire les boutiques et oublier notre petite puce ?

Si vous aviez vu la tête de Stella lorsqu'on lui passa autour du cou un large ruban rouge orné du plus gros nœud jamais créé ! Il faut dire qu'aucun de nous, y compris notre humaine (à en juger par son expression), n'avait encore jamais vu un patou empaqueté comme une boîte de chocolats. Et la mine de Stella valait le détour – pas le genre d'image qu'on aurait pu trouver sur ce type de boîte, justement !

— Voilà qui devrait effrayer les loups, Stell', lui lança Stratos.

— C'est à moi que ça fait peur, ajoutai-je.

Comme je vous l'ai dit, Stella était une pimbêche et elle répliqua par un : « Va te faire v… ouaf ! » bien senti.

Mais elle n'en restait pas moins notre petite sœur et, quoi que signifie ce vol dont ils parlaient, cela impliquait certainement une très longue distance. Lorsque j'aperçus un dernier éclat furieux dans ses deux petites billes brunes (à cause du ruban rouge, j'aime à m'en persuader), j'aboyai :

— Épate-les, Stella, bonne chasse petite sœur.

Enfin, nous ne fûmes plus que deux. Sans compter Snow, mais elle, c'était différent : elle restait.

On ne pouvait pas penser en permanence à la Sélection et aux aventures. J'accordai donc une attention toute professionnelle à la pile de vomissure de Stratos, puis nous nous mîmes à table avec entrain. Il ne faut pas gâcher.

Le temps qui s'écoule entre l'instant où le soleil est au zénith et celui où il retrouve sa place au-dessus de nos têtes est très long pour un chiot. Nous ne pensions qu'à jouer en sautant les uns sur les autres lorsque notre humaine se présenta en compagnie de quatre visiteurs. Elle avait des plaques rouges dans le cou et ses lèvres étaient pincées.

— Ce n'est vraiment pas la manière dont j'aime procéder, mais je suppose, à vous voir tous ensemble ici…

Une femme plus jeune prit la parole :

— Je suis désolée. Nous étions si impatients, nous sommes arrivés un peu plus tôt que prévu… nous ne voulions pas vous déranger.

La petite bouche crispée se détendit légèrement.

— Eh bien, tant que vous comprenez que Monsieur et Madame Larime pourront choisir en premier… enfin, ce n'est vraiment pas l'idéal… j'aurais dû vous faire attendre…

— Ça va aller, intervint l'homme plus jeune en me regardant droit dans les yeux, avant de passer à Stratos. De toute manière, je serais bien incapable de choisir – ils sont tous les deux superbes.

Notre humaine se rengorgea.

— Dans une bonne portée, il n'y a pas d'avorton, vous savez – et cette portée n'est pas simplement bonne, elle est exceptionnelle. Ce n'est guère étonnant, bien sûr, étant donné les parents...

— Oh, Marc, regarde-les, fit sa femme en le prenant par le bras, les yeux brillants. Ils sont magnifiques.

J'aime me rappeler qu'elle a dit « magnifiques » et que ses yeux brillaient. Certains souvenirs vous réchauffent, même quand vous avez froid à l'intérieur.

La femme au collier scintillant caressait déjà Stratos, qui s'était lancé dans le manège habituel du « beau toutou », remuant si fort la queue qu'on aurait cru que le bas de son dos s'était détaché du reste de son corps. Quand mon tour arriva, j'hésitais toujours. J'allais peut-être attendre un peu… mais si l'on m'offrait des câlins, je ne pouvais tout de même pas refuser. Je me pliai donc de bonne grâce aux « joli toutou » qui fusaient, ignorant la légère morsure que m'infligea Stratos à l'intérieur de la cuisse, aussitôt rachetée par un grand coup de langue.

— Oh, regardez ! Son frère le lave. Comme c'est mignon ! N'est-il pas plein de vie ?

— Oui, dit notre humaine, Stratos est plein de vie. Il lui faudra quelqu'un de ferme à celui-là, une main de fer dans un gant de velours.

Un homme plus âgé, qui portait aussi un collier en tissu et des vêtements raides qui le faisaient transpirer sous le soleil, souleva Stratos. La vue de mon frère en train de pédaler dans les airs en remuant ses quatre petites pattes grasses était franchement comique. En retrouvant la terre ferme, il me donna une tape pour s'assurer que je m'abstienne de tout commentaire.

— Ne vous inquiétez pas pour ça.

L'humain ne parlait pas fort. C'était une voix grave et calme, qui avait l'habitude d'être prise au sérieux.

— Nous connaissons bien les chiens, nous n'avons jamais eu aucun problème. L'important, c'est qu'ils sachent qui est le chef et, croyez-moi, nous n'avons aucun mal à nous faire respecter.

Il caressa gentiment Stratos sous le menton et ce fut tout. Lorsqu'il fut clair que Stratos avait été choisi, mes humains se précipitèrent vers moi. Mon attente et mes doutes étaient terminés, et je me laissai aller au mouvement général, léchant chaque parcelle de peau humaine que l'on me laissa approcher, tandis que Marc m'encourageait et que sa femme gloussait sous mes chatouilles.

Puis Stratos et moi fûmes soulevés dans les bras des humains et, tandis que Snow nous aboyait ses au revoir, nous pénétrâmes dans la maison pour la ratification des documents administratifs, en double exemplaire. Un passage de cette conversation extrêmement ennuyeuse resta gravé dans ma mémoire, sans doute ravivé par les événements qui suivirent.

— Je préfère vous le dire à tous en même temps, commença notre humaine, seule une personne peut être désignée comme le propriétaire légal du chien, et en cas de séparation seule la personne dont le nom figure sur ce document en sera le propriétaire. Bien sûr, ça ne vous arrivera pas, dit-elle en riant.

Elle regarda les deux couples et tout le monde éclata de rire à l'idée saugrenue du divorce.

— Mais je préfère être claire.

Chaque couple se concerta brièvement, puis les deux hommes s'avancèrent pour signer les formulaires. J'eus à peine le temps d'aboyer : « Bonne chasse, petit frère » que je me retrouvai sur une couverture en laine, sur les genoux de

Christine. Le moteur de la voiture vibrait sous mon ventre et j'étais bercé par un corps humain chaud et hospitalier.

    Marc était mon gentil maître et j'avais une nouvelle famille. Mère, Snow, Stratos et les autres étaient déjà bien loin, à des années-lumière de mes pensées. Les sommets montagneux défilaient à travers la vitre, me donnant le tournis, et je dus fermer les yeux. Au revoir, mes montagnes. Qu'allait-il m'arriver à présent ? Je me poserais la question plus tard, à mon réveil...

CHAPITRE QUATRE

— Voici ta nouvelle maison, Sirius !

Ce fut Marc qui me porta à l'intérieur et me déposa délicatement sur un sol carrelé, où je fis mes besoins, comme tout chiot qui se réveille.

— Marc, hurla Christine. Sors-le, vite ! Oh, non ! C'est trop tard...

Je me cachai sous une chaise pour fuir le tapage.

— Tu vois, dit Marc, dont le sourire se devinait dans la voix, il sait qu'il a fait une bêtise. Je parie qu'il ne lui faudra pas longtemps pour apprendre comment se comporter dans une maison.

— Je vais nettoyer... toi, surveille-le.

Marc m'attira hors de ma cachette et je le suivis partout. La nouvelle maison était compliquée et il y avait bien trop d'odeurs à sentir. Bientôt je m'endormis de nouveau, blotti sur les genoux de Christine, dans la douce chaleur de son corps.

— Il est mignon, murmura-t-elle au-dessus de ma tête, sur un ton que je préférais nettement à ses cris.

— Oui.

Marc était assis tout contre Christine sur le canapé, d'où il pouvait tendre le bras et caresser mon oreille ou sa main.

— N'oublie pas ce qu'a dit son éleveuse. Il pèse peut-être douze kilos maintenant, mais dans dix mois, il en pèsera près de cinquante, alors il ne faut pas lui donner d'habitudes qui lui compliqueraient la vie.

— Hmm, encore quelque temps...

Je me pelotonnai et elle poursuivit ses réflexions :

— C'était quoi cette histoire, une main de fer dans un gant de velours ?

— Je n'en ai pas la moindre idée. Il faudra peut-être s'acheter un livre sur les chiens.

— Hmm, ou suivre des cours de dressage canin. À quel âge serait-il prêt pour ça ?

— Pas avant six mois, apparemment, et même plus pour un grand chien comme le nôtre. Mais je suis sûr qu'on peut faire quelques petits trucs nous-mêmes en attendant...

— Comme "donne la patte" ! Ce serait si mignon...

À l'évocation de cette première soirée, quand nous formions une vraie famille, blottis tous les trois comme un tas de chiots sur ce canapé, j'éprouve un sentiment de bien-être semblable à la satisfaction d'un ventre bien rempli ou d'un plongeon dans la neige. La meute ne me manquait même pas, ni ma mère ni les autres chiots, car j'avais ma propre meute, pour de bon, et qu'elle était accueillante. Je m'étais installé pour la nuit, sans doute ronflais-je même, lorsque je fus brutalement réveillé par les mots : « Il est temps d'aller au lit, petit ». Le lit ?

Je fus alors lancé dans les airs et atterris souplement sur un gros coussin, à côté d'un lapin en peluche, dans un vaste espace vide que balayait un courant d'air tout droit venu du nord glacial. Comble de l'horreur, alors que je revenais en me dandinant vers ma meute, une porte claqua devant mon nez, me coupant de la chaleur et de l'amour de ma famille. Vous imaginez à quel point je me fichais du lapin en peluche en cet instant – quelle que soit sa couleur, d'ailleurs. J'essayai de me montrer courageux comme Mère me l'avait appris et je m'efforçai de faire bonne figure. Je chantai pendant un moment des chansons traditionnelles du Béarn, mais elles me rappelaient les chants du crépuscule, avec ma mère, et je fus empli d'une telle tristesse que les chansons se changèrent en lamentations. Je redoublai d'ardeur et fus accueilli par les acclamations de mes humains, qui me parvinrent depuis la pièce où ils s'étaient retirés pour la nuit. Au moins, leur souhait était très clair ! Ils voulaient que je chante plus fort, songeai-je, ce que je m'empressai de faire. À leur tour, ils me répondirent en donnant de la voix. C'était une compagnie bien plus agréable que le mutisme de ce pauvre lapin en peluche, mais ils cessèrent bientôt de crier et j'eus tôt fait de me lasser de mes chansons en solo.

J'aimais mes humains. Je voulais être avec eux. Je leur manquais et ils se demandaient sans doute pourquoi je ne les rejoignais pas. Cette idée me tracassait à tel point que je ne trouvais aucun endroit confortable. Où que j'essaie de me blottir, cela me paraissait trop exposé, impossible à défendre, et aussi vide qu'une grange qui ne contiendrait qu'un seul chiot. De toute évidence, je n'étais pas stupide au point de dormir en plein courant d'air, mais j'estimais tout de même que le coussin pouvait être utile. J'avais besoin de quelque chose à mordiller et son moelleux ferait l'affaire pour commencer. Une fois que j'eus sucé un coin du tissu jusqu'à l'imbiber complètement, j'y enfonçai mes dents et le mordis vigoureusement. C'était cette même ardeur qui avait mis un terme à l'excellente relation que nous avions autrefois avec les tétines de notre mère. Au bout de quelques secondes, j'avais atteint le cœur du coussin, une matière jaune, alvéolée et élastique, caoutchouteuse sous la dent et qui fondait dans votre bouche si vous mordiez et avaliez un morceau. Mon plus grand plaisir consistait à réduire le rembourrage en lambeaux. Il était si doux que je pouvais me servir de mes griffes aussi bien que de mes dents. Bientôt, j'avais redécoré ma chambre à coucher avec de petites miettes de mousse jaune. Je me sentis alors seul et désœuvré.

J'aimais mes humains. Je voulais être avec eux. Je leur manquais et ils se demandaient sans doute pourquoi je ne les rejoignais pas. Un Soum de Gaia ne manque pas de ressources. J'allais leur dire que j'avais été enfermé et que j'avais besoin d'aide si je voulais les retrouver. J'avais déjà communiqué avec eux en chantant, mais ils n'avaient pas bien compris le message. Je devais essayer autre chose. La seule barrière qui me séparait de la chaleur de Christine, c'était la porte. J'allais donc essayer de faire un maximum de bruit de l'autre côté pour leur faire comprendre que j'avais besoin d'aide. Et si je réussissais à franchir la porte tout seul, tant mieux, ils seraient d'autant plus fiers de moi. Les dents étaient inutiles sur la porte, car elles ne pouvaient pas accrocher la surface lisse, et je ne parvenais pas à atteindre la poignée. J'allais devoir opter pour les griffes.

Assis sur mes pattes arrière, j'entrepris de gratter comme un forcené, raclant mes griffes contre la porte pour tenter de l'ouvrir. Je geignis pour indiquer à mes humains que j'avais besoin d'aide. Après ce qui me sembla une éternité, ils me lancèrent d'autres encouragements. Mes gémissements et mes grattements reprirent de plus belle. Enfin, alors que je m'apprêtais à abandonner, mes petites pattes douloureuses après un effort si intense, je perçus un mouvement du côté des humains et je reculai lorsque la porte s'ouvrit. J'avais réussi ! Marc était là ! Il n'était pas très content. Peut-être s'était-il attendu à ce que j'ouvre la porte sans son aide, mais je n'avais que huit semaines. J'essaierais d'y arriver la prochaine fois, pour lui faire plaisir.

— Oh, Seigneur, non ! s'exclama Marc en balayant du regard ma chambre à coucher.

— J'arrangerai ça demain.

De toute évidence, il prenait conscience que ce n'était pas l'endroit idéal où me faire passer la nuit. Il m'avait compris. Et mieux encore, il me souleva une fois de plus dans les airs pour me lancer sur le tapis près du lit qu'il partageait avec Christine.

— Juste pour cette nuit, dit-il.

— Je n'en supporterai pas davantage ce soir, c'est certain, et que vont penser les voisins ?

— Là, là, Izzie. Dors maintenant, pour l'amour du ciel !

La main de Marc se glissa à côté du lit et me caressa la tête. Je me roulai en boule sur une pantoufle, non loin de l'obscurité profonde qui régnait sous le sommier, et grinçai machinalement des dents pour trouver le sommeil.

Ainsi commencèrent mes tentatives pour comprendre mes humains et communiquer avec eux. J'obtins quelques beaux succès. Ils m'avaient dit que j'étais trop gros pour monter sur le canapé. Ils se trompaient et je comptais bien leur montrer qu'en réalité je pouvais aisément m'y tenir. Ils avaient beau me repousser, je remontais. Ils me poussaient en disant : « Non », mais je retrouvais inlassablement ma place. Ils se familiarisèrent ainsi avec les règles du jeu « qui va à la chasse ». À peine me forçaient-ils à descendre du canapé que j'y remontais aussi sec. C'était un manège très amusant et je pris conscience que les humains étaient capables d'apprendre des tours. Il fallait juste faire preuve de détermination. Et s'ils y arrivaient ne fût-ce qu'une fois, alors vous saviez que la persévérance portait ses fruits.

Par exemple, je leur avais appris à m'ouvrir la porte. Après avoir réussi une première fois, je tentai ma chance avec différentes portes. Mettons que je sois dehors dans le jardin alors qu'ils étaient dans la maison et que je veuille rentrer – pour faire pipi, par exemple. Je me mettais à gratter contre la porte en gémissant. D'abord, Marc ne comprenait pas. Il disait : « Je ne veux pas qu'il gratte et qu'il chouine pour rentrer, laisse-le dehors. » Je persévérais alors, sachant que l'un d'eux finirait bien par céder. Ce fut Christine qui me laissa entrer la première fois et à partir de ce moment-là, je sus que si je continuais, quelqu'un m'ouvrirait la porte. Parfois, je devais insister pendant très longtemps. Marc disait : « C'est de pire en pire. Il faut arrêter de le laisser entrer quand il fait ça. » Et il me fallait redoubler d'efforts pour parvenir à les rejoindre. Je fus même enfermé dehors à plusieurs reprises, jusqu'à ce qu'ils décident de me laisser entrer ! Il était hors de question que je m'y résigne et je mis tout mon cœur à l'ouvrage jusqu'à ce que Christine ait la sagesse de m'ouvrir la porte. Par la suite, ce fut de plus en plus facile.

— Si c'est pour le laisser entrer au bout du compte, autant le faire avant qu'il détruise la porte, dit-elle à Marc.

Leur apprendre à marcher convenablement fut beaucoup plus simple. Après nos promenades des premières semaines, la meute au complet, Christine cessa de nous accompagner, car elle avait « des choses à faire ». Marc et moi prîmes donc l'habitude de constituer l'ensemble de la meute, mais il avait tant à apprendre. J'acceptais le collier et le harnais qu'il me mettait, mais en retour je m'attendais à une certaine compréhension et je me montrai ferme avec lui. S'il ne s'arrêtait pas immédiatement quand je le voulais, je faisais une embardée pour l'entraîner sur le côté. S'il marchait trop vite ou me tirait, je m'asseyais et refusais de bouger jusqu'à ce qu'il me donne une gâterie (j'avais un faible pour les biscuits marron qui sentaient le poisson pourri). J'essayais de le sociabiliser en l'entraînant vers chaque humain ou chaque chien que nous croisions, afin de les saluer. Je l'encourageais aussi à mieux se défendre. Si un chien nous hurlait des insultes, je les lui retournais en espérant que Marc se joigne à moi, mais il n'était pas ce genre de mâle et je dus m'en charger à sa place. Puis, quand j'avais assez marché, je faisais demi-tour et Marc comprenait vite qu'il était temps de rentrer à la maison. Une fois, il voulut continuer alors que je n'avais pas envie d'aller plus loin. Je ne tolérais pas ce genre d'insubordination. Je me contentai donc de m'asseoir, le laissant tirer sur le harnais. Mais ses secousses n'auraient même pas eu d'effet sur une puce et il finit par saisir le message. Mon travail de chef devint de plus en plus aisé au fur et à mesure que je grandissais, et Marc fut bientôt correctement éduqué.

Je remportai un autre grand succès avec la nourriture. J'étais non seulement un chien en pleine croissance, mais un patou de surcroît, et je prenais entre un et deux kilos par semaine comme l'indiquait la boîte sur laquelle montait Marc en me portant dans ses bras. J'avais constamment faim. Je subis un premier revers en éducation alimentaire de la part de Christine, qui avait décidé de s'en tenir aux quantités de nourriture prescrites sur le paquet de croquettes. J'avais beau saliver au-dessus de ma gamelle vide, je ne parvenais pas à la convaincre de me verser une ration supplémentaire.

— On ne dirait même pas de la vraie nourriture, concéda-t-elle, mais le vétérinaire dit que c'est bon pour toi.

À chiot vaillant, rien d'impossible. Mon grand classique, c'était le regard implorant pendant leur repas. Je ne disais pas un mot, je ne tapais pas de la patte, mais je fixais simplement leurs assiettes en leur rappelant ce que j'avais reçu dans ma gamelle.

— Je culpabilise, dit Christine. Ça ne peut pas lui faire de mal si on lui donne juste un petit bout...

— Non, dit Marc. On avait dit qu'on ne lui donnerait rien.

Mais je m'en tenais à mon manège. Il ne demandait guère de composition de ma part, car lorsque je humais du poulet, du pain frais, de la sauce au fromage... mes papilles gustatives nourrissaient mon cerveau et l'envie dans mon regard implorant était purement authentique. « Rien que ce petit bout » était ma phrase préférée, et je pris l'habitude de passer de Christine à Marc sous la table, flairant les friandises qui ne venaient pas toujours, mais assez souvent pour que je persévère. Et parfois, j'avais la chance de trouver d'autres humains autour de la table. S'il y avait des petits, le chapardage n'en était que meilleur – même s'ils ne me donnaient rien à table, ils renversaient de la nourriture sur leurs vêtements, que je pouvais ensuite récupérer.

— Il est adorable avec les enfants, disait Christine. Il les lècherait toute la journée s'ils le laissaient faire.

Quant aux aboiements, l'éducation des humains fut

simple comme bonjour. Je mettais en pratique ce que j'avais appris le premier soir, lorsque nous avions chanté ensemble. Quelqu'un passait devant le portail, j'aboyais. Si je continuais d'aboyer, Christine ou Marc – ou les deux – se mettait à crier. C'est ainsi que nous prîmes l'habitude d'aboyer tous les trois en chœur. Si un chien passait devant le portail, j'aboyais furieusement et les vociférations de mes humains redoublaient. Nous conjuguions nos efforts pour défendre la meute, tout naturellement. Leur apprendre à réagir à mes aboiements dans le cadre du jeu fut tout aussi facile. Il me suffisait d'aboyer en laissant tomber la balle qui couine à leurs pieds. Si je n'obtenais pas de réponse, j'aboyais plus longuement en lâchant de nouveau le jouet.

— Je ne veux pas qu'il aboie quand il veut jouer, dit Marc à Christine.

J'allais devoir me montrer patient. Après plusieurs tentatives, où je laissais tomber la balle en jappant, je finis par obtenir : « Bon, d'accord. » Ils ramassèrent la balle et, dès lors, je sus qu'ils avaient saisi le message. Parfois je devais aboyer plus longtemps, mais ils finissaient toujours par comprendre.

J'essuyai aussi quelques échecs. Il y avait un recoin bien pratique dans la pièce où j'avais dormi pour la première fois, la cuisine, que je continuais d'utiliser comme tel – le petit coin. Il sentait exactement la bonne odeur et c'était facile pour moi de m'y accroupir pour faire pipi. Or dès que Christine et Marc me voyaient amorcer ce geste, ils m'empoignaient et s'empressaient de me mettre dehors. Pourquoi croyaient-ils toujours que j'avais envie de sortir dans un moment pareil ? Je l'ignore. Bien sûr, il me fallait alors me retenir patiemment jusqu'à ce qu'ils me ramènent à l'intérieur pour que je puisse me précipiter vers mon coin et oooooh, quel soulagement ! Mais une fois de plus, ils recommençaient et me poussaient dans le jardin. À la longue, j'avais fini par trouver un avantage à cette situation, et lorsqu'il me prenait l'envie d'aller jouer dehors pour renifler ici et là, il me suffisait de m'accroupir, ou d'uriner, pour qu'aussitôt, presto ! ils me fassent sortir.

Ils faisaient de gros efforts pour m'être agréables. Christine s'était arrangée pour que mon petit coin fût encore plus accueillant, comme si quelqu'un d'autre y avait également fait ses besoins. Je l'entendis dire à Marc :

— J'ai mis assez de Javel dans ce coin pour désinfecter une porcherie, mais ça ne marche pas.

J'aurais voulu la rassurer en lui disant que sa technique fonctionnait à la perfection et qu'ils pouvaient arrêter de me traîner dehors en permanence.

Un autre échec cuisant fut ma tentative de les convaincre de m'emmener partout où ils allaient. J'aimais mes maîtres. Je voulais être avec eux. Et ils ne cessaient de m'abandonner. Croyez-moi, j'ai travaillé sur la question. Chaque fois que Marc allait aux toilettes et fermait la porte, je grattais sur le vantail et gémissais jusqu'à ce qu'il en sorte. Je savais que notre séparation lui causait la même angoisse, car lorsque je lui sautais dessus en le retrouvant, il montrait la même joie que moi. Il me caressait en me disant que tout allait bien. Parfois, l'un de mes humains – ou les deux – échappait totalement à ma vigilance et partait en m'enfermant dans la maison.

— Du calme, Izzie, du calme, disaient-ils. Tout va bien se passer.

Personne ne vous dit que tout va bien se passer à moins qu'il y ait de bonnes raisons de chercher à vous apaiser, et je me mettais systématiquement à paniquer chaque fois que je les sentais sur le départ. Sans que je puisse veiller sur eux, tout pouvait leur arriver. D'ailleurs, on sentait bien qu'ils avaient peur, car en dépit de leurs paroles rassurantes, ils s'attardaient toujours pour me câliner, craignant de ne jamais me revoir. Lorsqu'ils s'en allaient enfin, j'étais dans un tel état que je devais mâcher pour me calmer les nerfs. Une fois qu'un barreau de chaise ou un morceau de plinthe m'avait aidé à retrouver ma sérénité de moine zen, je commençais à songer à leur retour, à leurs réactions enthousiastes quand ils me verraient, si bien qu'une envie d'uriner me prenait et que j'éprouvais de nouveau le besoin de mordre quelque chose.

Mais l'attente en valait la peine lorsqu'ils rentraient à la maison. Nous explosions de bonheur en nous retrouvant et j'ajoutais ma touche personnelle au dos de Christine ou au t-shirt de Marc en y apposant mes empreintes.

— Il est tellement excité de nous voir, dit Marc, impossible de l'arrêter.

Au comble de l'enthousiasme, je faisais deux fois le tour du jardin en courant, pataugeant dans une flaque de boue qui se trouvait sur mon chemin avant de revenir frapper le torse de mes maîtres avec mes pattes avant. Si je n'avais jamais réussi à les convaincre de m'emmener avec eux, au moins leur retour était-il de plus en plus spectaculaire. Il m'arrivait même d'en renverser un tandis que l'autre me prenait en chasse dans toute la maison, m'accordant le plaisir d'une course poursuite.

Ah, l'innocence de la jeunesse. Quand je songe à mon enfance, un mélange d'émotions m'étreint. Il y avait tant de plaisirs à découvrir pour mes dents et ma langue ; la rigidité du chêne (un pied de table), l'agréable souplesse du pin (la marche du bas), le piquant des échardes dans vos gencives quand vous parveniez à détacher un morceau de bois ; la poussière crayeuse du plâtre lorsque vous aviez pratiqué un trou dans un mur après avoir arraché un coin de tapisserie, produisant ce bruit si agréable de papier peint déchiré ; la texture gluante du tissu lorsque vous le suciez, surtout la laine. Et si le tissu dégageait cette odeur fleurs-de-printemps-et-transpiration-féminine de Christine, c'était un pur délice. Quand le temps le permettait, Christine suspendait des vêtements sur un fil pour que je puisse moi-même choisir ce qui me plaisait. Je me rappelle avoir passé une joyeuse matinée avec une robe souple et légère, l'une de ses préférées d'après elle. J'étais ravi qu'elle accepte de la partager avec moi et j'essayai de la faire durer le plus longtemps possible, mais c'est difficile quand on est un mâle vigoureux. Le plaisir instinctif de la déglutition réduit votre cerveau à une tête d'épingle et il vous est impossible de vous arrêter.

Je devins plus pointilleux. Je découvris les sous-vêtements, sales de préférence – même si après avoir été lavés les sous-vêtements conservent ces odeurs dont les chiens raffolent. J'enseignai à Marc et Christine les joies de la course-poursuite. Leurs petites mines lorsque je lançais une culotte hors de leur portée, dans les buissons du jardin, valaient l'effort de planifier minutieusement mon intrusion (je n'avais pas le « droit » d'entrer dans la chambre pendant la journée) pour me glisser discrètement à l'extérieur avec mon butin. J'ai toujours estimé que que c'était du devoir du chien que de donner un peu d'exercice physique à ses maîtres ; quoi de mieux que de courir dans le jardin à la poursuite de ses sous-vêtements ? En règle générale, les humains ne courent pas assez.

Un autre avantage de ce jeu, c'était qu'il pouvait

également se jouer avec les invités. Christine aimait corser les règles pour plus de plaisir.

— Attention au chien, disait-elle aux nouveaux humains. S'il accède à vos sous-vêtements, il vous les piquera.

Je n'étais pas de ceux qui renoncent aux défis et j'écoutais attentivement la manière dont ils fermaient la porte de la chambre d'amis. Un déclic, et c'était impossible. Mais pas de clic, et tous les coups étaient permis ! La porte paraissait peut-être close, mais il suffisait de faire appel au bon endroit à ces muscles de Pyrénéens pour que, illico presto, la lingerie se retrouve en plein air. Évidemment, mes petites intrusions m'amusaient beaucoup si j'étais seul à la maison, surtout à présent que je pouvais ouvrir la porte de n'importe quelle pièce dans laquelle ils m'enfermaient en utilisant mes pattes avant pour baisser la poignée, mais une chasse aux sous-vêtements en solitaire n'était pas très drôle ! Non, tout l'intérêt résidait dans la provocation : « Eh, les humains, regardez ce que j'ai », suivie de la poursuite. Je mâchouillais à peine mes trophées et la plupart du temps ils réapparaissaient quelques jours plus tard sur la corde à linge pour une nouvelle partie.

Je réservais ma mastication la plus sérieuse pour l'une de mes grandes faiblesses. Il me fallait une alimentation riche en fibres. J'avais besoin d'aliments de lest. Je parcourais la cuisine en léchant les plans de travail et en flairant les odeurs lorsque je remarquai un appétissant fumet, mélange de pain, de bœuf cuit et de lait éventé avec une pointe de savon et de vinaigre. Des dizaines d'arômes avaient mijoté avec le temps pour créer une tentation irrésistible qui me conduisit vers une éponge que Christine m'avait laissée près de l'évier. Ni une ni deux, c'était un tel régal que je l'avalai d'un seul coup sans prendre la peine de le mâcher. Ce fut le début d'une addiction d'enfance qui dura pendant une année.

— Oh non, s'écria Christine.

C'était une humaine à la voix très aiguë et haut perchée.

— Il a encore mangé l'éponge de la vaisselle.

— Tu vas devoir la ranger plus en hauteur.

C'était typiquement Marc, toujours à placer la barre plus haut pour s'assurer que je ne cesse d'apprendre et de m'améliorer. Bien sûr, par la suite, je dus me dresser sur mes jambes et chercher plus en hauteur mes suppléments de fibres.

— C'est dangereux qu'il mange ce genre de choses. Ça pourrait lui boucher l'estomac, entraîner une occlusion.

Il n'avait pas d'inquiétude à se faire. Tout ce qui rentrait ressortait, avec la même consistance, à peu de détails près. C'était devenu une telle routine que lorsque Marc nettoyait le jardin, il rentrait dans la maison en lançant : « Rose », ou « Vert », et Christine lui confirmait qu'il s'agissait bien de l'éponge disparue la veille.

Je passai alors au niveau supérieur en matière de fibres. J'aurais aimé mâcher les maniques, avec leur goût carbonisé et le plaisir intense de leur mousse intérieure, mais elles étaient cachées dans un endroit que je n'avais pas encore découvert. Je dénichai donc autre chose.

— Tu as vu le torchon, Marc ?

— Oh, non.

Cette nuit-là, je ne trouvai pas le repos. J'avais l'impression qu'il me fallait aller aux toilettes et je gémis jusqu'à ce qu'on m'impose le silence.

— Tu as trop crié au loup.

C'était un peu injuste étant donné que crier au loup était

mon métier et que j'étais prêt à parier qu'il n'y avait pas de loups à dix longueurs de course de la maison – grâce à moi. À présent que c'était une urgence, ils ne me prenaient pas au sérieux. Mes tripes bouillonnaient comme un volcan après des millénaires de sommeil. Je savais que j'allais exploser. Comme on pouvait s'y attendre, mon estomac entra en éruption et je compris ce que vomir signifiait vraiment. La totale, cette fois, non pas ces petites déjections d'herbe que Stratos et moi déclenchions. « Si je ne rends pas ce torchon, je vais mourir. » Je sortis de la chambre jusque dans le couloir, un Marc soudain très inquiet à mes côtés. Après quelques extraits indéterminés sur le sol, il arriva enfin.

— Le torchon, lança Marc à Christine.

— Oh, tant mieux, fut la réponse ensommeillée qu'il obtint.

Si un côté avait fini son travail d'évacuation, l'autre allait commencer et lorsque je courus vers la porte du jardin et la frappai de mes pattes, Marc prit ma demande au sérieux. *Alléluouaf !* Je terminai mon affaire et rentrai dans la chambre en essuyant soigneusement mon arrière-train sur le tapis, avant de m'écrouler, abruti de sommeil. J'entendis vaguement Marc revenir se coucher après avoir tout nettoyé derrière moi.

— Il pue, murmura Christine.

— Je le laverai demain matin.

Puis ce fut le silence.

Les torchons rejoignirent les maniques dans leur cachette.

CHAPITRE CINQ

— Je croyais qu'on devait le faire dormir ailleurs après un certain temps.

— Mais il est heureux ici. Et tu sais comment il sera si on essaie de le déplacer maintenant...

— Il ronfle, il pète, il se promène en pleine nuit et secoue ses oreilles. Il est bruyant pendant qu'on fait l'amour. Il me déconcentre. J'ai l'impression qu'un vieux clochard nous regarde.

— C'est dans ta tête. Il ne s'intéresse pas du tout à nous quand je fais... ça... et ça... Tu vois, il n'a pas bougé un muscle...

Marc avait amorcé cet étrange rituel de séduction auquel les humains s'adonnaient. Des odeurs formidables, cela dit. Je faisais vibrer mes fanons pour optimiser la distinction des odeurs. Comment faites-vous pour vivre, vous autres les humains, avec ce handicap qu'est votre nez ?

— Il fait la grimace.

— Tu l'imagines. Ferme les yeux...

Mes yeux étaient déjà fermés. Seule ma truffe travaillait.

— Marc...

Sa voix chaude et roucoulante répondit au bout d'un moment :

— Je t'aime aussi...

— Non, ce n'est pas ça... tu as dit que tu allais l'emmener suivre des cours et il a huit mois maintenant.

— Je trouve qu'il est très bien... jeune, c'est certain, mais très bien.

— Mais tu as dit...

— Hmm, d'accord, pas de problème... nous irons aux cours... nous leur montrerons comment il faut faire...

C'est ainsi que nous commençâmes les cours d'éducation canine. Christine ne venait pas, car elle avait « des choses à faire ».

Marc et moi étions parfaitement d'accord sur un point ; nous n'avions pas besoin d'entraînement. Je n'avais aucun doute quant à ma place de chef, j'avais su m'imposer fermement, mais en douceur. Je n'avais pas besoin de gronder ni de le mordiller, ni lui ni aucun autre humain, et j'avais la conviction que seuls les chiens stupides ou effrayés éprouvaient le besoin de mordre les humains pour les canaliser. J'étais si confiant dans mon rôle de dominant que je faisais plaisir à Marc en roulant sur le dos pour qu'il me caresse le ventre.

— Regarde, expliqua-t-il à Christine, c'est une position de soumission, car sa gorge est vulnérable.

En effet, Marc avait lu des livres sur les chiens.

Parfois, Marc se comportait de manière peu convenable. Il utilisait une voix contrariée ou criait en agitant les bras.

— Ignore-le, disait-il à Christine. C'est encore la meilleure punition.

Je l'ignorais donc pendant un temps, jusqu'à ce que le

moment soit venu pour un bon chef de pardonner son subordonné et l'autoriser à réintégrer la meute. Je me dirigeais alors vers Marc, posais une patte sur son avant-bras s'il était assis, ou sur ses cuisses s'il était debout, et je le regardais droit dans les yeux pour lui expliquer qu'il n'aurait pas dû avoir un tel comportement et que j'espérais qu'il retiendrait la leçon.

— Tu vois, dit Marc à Christine, il vient s'excuser. Il sait qu'il a fait une bêtise.

Il me donnait alors les caresses que je lui réclamais et nous étions de nouveau en bons termes.

Nous avions travaillé sur les « ordres ». Pour moi, c'était très clair. Si j'avais envie d'une gâterie, je pouvais réagir aux mots spéciaux de Marc tels que : « assis », « couché » et « au pied » en réalisant certaines actions. Une fois que j'avais obtenu la friandise, je pouvais vaquer à mes occupations. Si je n'avais pas envie de gâterie, je n'en faisais qu'à ma tête. C'était très amusant. J'avais appris à me méfier de « au pied », car Marc en abusait s'il en avait l'occasion. Je venais de lui apprendre qu'« au pied » signifiait qu'il devait me donner une friandise et me câliner, ou même me lancer la balle pour jouer, lorsqu'il employa cet ordre pour me piéger et me faire rentrer dans la maison pour m'y enfermer avant de partir. J'avais envie de rester dans le jardin et je n'étais pas content. Ainsi, lorsque j'entendis « au pied » la fois suivante, je m'assurai que Christine et lui ne portaient pas leurs chaussures de sortie avant de m'approcher. Et s'il voulait que je rentre, il devait d'abord me poursuivre dans le jardin et m'attraper.

Lorsqu'il maîtrisa parfaitement « au pied », il commença à m'emmener au parc. Là, il m'expliqua que j'avais été un bon chien et que j'avais le droit de quitter ma laisse, mais qu'au moindre écart de conduite, je la retrouverais aussi sec. J'aimais être libre, dégagé de ma laisse. C'était comme dans le jardin, si ce n'est que je disposais d'un plus grand espace où courir. Quand j'entendis « au pied », j'eus envie d'une friandise et je revins vers Marc au galop. Je savourai un biscuit pour chien au substitut de chocolat et – *eh, qu'est-ce que c'est ?* En moins de temps qu'il ne faut pour dire « la fête est finie », j'avais retrouvé ma laisse.

— Il a très bien obéi quand je l'ai appelé, annonça Marc à Christine.

Lors de la sortie suivante, une fois que je fus libéré de ma laisse, ce fut avec la ferme intention de le rester. « Au pied » retentit dans mon cerveau et je regardai Marc. Gâterie ? Ce serait bien, mais... pouvait-on lui faire confiance ? Malheureusement, la réponse était non. J'avais encore envie de jouer sans ma laisse et je fis la sourde oreille. Il avait raison sur ce point. L'ignorer était une punition très efficace – et gentille. Je laissais Marc m'appeler plusieurs fois, comme je le lui avais appris, avant d'être disposé à revenir vers lui pour réclamer ma friandise ou, mieux encore, me poursuivre dans tout le parc comme il me pourchassait dans le jardin à la maison, me laissant attraper une fois que j'en avais assez. Une fois de plus, je remplissais mon devoir en lui faisant faire un peu d'exercice et j'étais fier de moi.

Nous n'avions donc aucun besoin de suivre des cours d'éducation canine. Pourtant, je sentais que nous étions suffisamment complices pour y passer un bon moment tous les deux. Mon assurance fut un peu ébranlée lorsque je me retrouvai devant cinq bergers belges, trois bergers allemands, un rottweiler et deux cockers anglais. Je décidai d'aller parler aux cockers pendant que nous attendions que le cours pour chiots se termine et que commence la session pour adultes. Après avoir échangé les banalités anales et nasales d'usage, nous en vînmes aux choses sérieuses.

— Nous sommes de vieux amis, nous avons suivi les cours pour chiots ensemble, expliqua le cocker noir.

— Nous avons participé à des concours, renchérit son ami au pelage doré.

— Lors de la fête annuelle du village, la journée de son saint. Nous nous sommes exercés pendant des semaines et nous étions les meilleurs de la classe en matière de flair. Nous pouvions retrouver *le* mouchoir dans une laverie.

— *Le* bâton dans une forêt.

— *Le* biscuit dans une boulangerie.

— Montre-nous l'objet, donne-nous une piste et nous suivons notre flair.

— Le flair ne nous fait jamais défaut.

— Et en cette occasion spéciale, nous nous sentions dans notre élément, comme en cours. Il y avait une pile de drapeaux nationaux et tout ce que Neu avait à faire, c'était de retrouver le drapeau français, tricolore comme ils l'appellent, humé au préalable bien sûr. On l'avait choisi à cause de sa couleur noire.

— Pas parce que je suis meilleur, non, non, non, nous travaillons ensemble quand nous le pouvons – Casper mène et moi je suis, je cherche les fausses pistes. Ce que nous aimerions vraiment, ce serait de travailler pour la brigade des stupéfiants, de préférence dans un aéroport, mais je ne pense pas que notre humain en ait l'intention. On doit faire de son mieux avec le dresseur que l'on a.

— Bref, donc voilà Neu, au milieu du terrain, entouré par tous les villageois et les touristes. Mon maître était près de la barrière, comme s'il donnait des instructions, mais nous savions tous deux que c'était dans la poche pour Neu sans qu'il ait besoin d'encouragement aucun. Neu prend le tricolore entre les dents, délicatement pour ne pas le déchirer. Comme la foule se met à pousser des "ooh" et des "ahh", Neu décide de faire durer le suspense, lorsque soudain une odeur atteint ses narines. Tu aurais vu sa tête !

Le visage de Neu s'empressa de mimer l'expression en question.

— De la saucisse, fit-il en évoquant ce moment. En sandwich entre deux petits pains. Et j'avais envie de leur faire le spectacle, qu'ils en aient pour leur argent. Tout le monde peut faire le coup du tricolore.

— Mais seul mon frère était capable d'aller chercher un hot dog au stand de bière et revenir pour le drapeau ! Dès que je l'ai vu quitter le terrain et se précipiter sous la tente, j'ai compris quel était son plan et je me suis mis à aboyer de toutes mes forces pour l'encourager !

— Mais je n'ai pas réussi. Je t'ai dit que notre humain n'était pas très intelligent. Il m'a arrêté sur le chemin du retour, alors que je revenais chercher le drapeau, le hot dog dans ma gueule, et il m'a réprimandé pour avoir quitté le terrain. La foule riait et applaudissait, Casper aussi m'acclamait, mais mon moment de gloire était passé. Mon maître me tenait et je ne pus pas rejoindre le drapeau pour mon grand final. Parfois, ce n'est pas facile de les pardonner, mais il ne faut pas oublier que leurs facultés sont limitées. Et ton humain ?

Tandis que nous partagions des anecdotes à propos de nos humains, je gardais une oreille tendue vers la conversation qui se déroulait au même moment entre nos sources de déception. Un bon patou reste toujours attentif aux faits et gestes de son maître.

Une fois qu'ils eurent exécuté la poignée de main et échangé des banalités, ils abordèrent un sujet plus important.

— Oui, je suis un habitué, disait François, le maître des cockers, à Marc. Mes deux sont très talentueux, surtout pour pister, mais ils se laissent trop facilement distraire. Je veux reprendre un peu l'obéissance de base ainsi qu'un entraînement plus avancé, voilà pourquoi nous sommes revenus. Et vous, vous êtes ici pour les bases ?

— Oui, les bases nous iront très bien.

— Eh bien, si je pouvais canaliser l'enthousiasme de ces deux-là pour des choses sans intérêt, je serais un homme heureux. J'aurais pu les tuer la semaine dernière, mais je commence à voir le bon côté des choses. Nous vivons en pleine nature, il n'y a personne à des kilomètres à la ronde.

— Ce serait utile pour nous.

— Il aboie, c'est ça ?

Marc hocha la tête.

— L'inconvénient, reprit François, c'est que nous sommes une proie facile pour les cambrioleurs, la semaine dernière ça nous est encore arrivé. Nous sommes rentrés pour découvrir une fenêtre brisée et tous les appareils électroniques disparus. La maison était sens dessus dessous, les meubles étaient éventrés, les livres déchirés et éparpillés, une pure destruction. Sur le moment, nous avons été soulagés en retrouvant les chiens sains et saufs, endormis dans leurs lits.

« Puis la police est arrivée, ils ont procédé à leurs analyses scientifiques et nous avons compris pourquoi les chiens étaient si épuisés. C'étaient les chiens qui avaient ravagé l'endroit. D'après l'expertise de la police, les cambrioleurs ont brisé une vitre, sont entrés, ont emporté les appareils électroménagers et sont partis par la porte. S'ils ont eu quelque contact que ce soit avec les chiens, ça n'a sans doute été que des tentatives de jeu. Par une curieuse logique canine, le cambriolage a déclenché chez eux un désir de participer ou quelque chose de ce genre, à moins que ce ne soit le stress de voir des inconnus ici, allez savoir... quoi qu'il en soit, ils ont saccagé la maison. Je ne sais pas si ma femme le leur pardonnera un jour... l'une des raisons pour lesquelles nous sommes ici, c'est pour qu'elle ne les ait pas sous les yeux pendant au moins une heure. »

— Oh, ma Christine adore Sirius. Nous l'avons depuis que c'est un jeune chiot, vous savez. Et c'est encore un grand bébé, vraiment.

— Un chiot. Tiens donc.

— Il est peut-être plus grand que la moyenne, mais il restera un chiot dans sa tête jusqu'à ses deux ans, au moins.

— Vous devriez peut-être assister aux cours pour chiots, dans ce cas ! Mais je plains les autres participants ! À ce propos, les chiots ont fini. À nous. Venez, les garçons. Bonne chance, Marc.

La dresseuse, une femme de taille moyenne, tenait un klaxon de vélo. On nous expliqua que c'était le signal pour que les maîtres donnent à leur chien l'instruction qu'elle leur demandait. Voilà comment l'exercice était censé se dérouler : la dresseuse appuie sur le klaxon – bip-bip, et la dresseuse dit : « Demandez à vos chiens de s'asseoir » – le maître dit : « assis » – le chien (moi) s'assoit – friandise et félicitations – le chien (moi) se lève.

— Non, non, non, Marc ! Votre chien ne doit pas se lever avant que vous lui en donniez l'autorisation. Vous devez avoir un mot spécial pour annoncer la fin de l'ordre.

— Vraiment ? Mais je n'ai jamais eu de problème pour qu'il se lève ou passe à autre chose après un ordre.

— Je n'ai pas le temps de vous l'expliquer maintenant, Marc, essayez s'il vous plaît.

Dix paires d'yeux canins se tournèrent dans ma direction. L'honneur d'un patou était en jeu.

Nous reprîmes notre marche autour du ring jusqu'à ce que le « bip-bip » retentisse. Sans attendre la suite, je m'assis – j'allais montrer à ces bergers à quel point je pouvais être précis si je le voulais. Je me redresserais juste après ma friandise.

Malheureusement, Marc aussi sentait son honneur mis à l'épreuve, et lorsque j'essayai de me lever, il répéta : « reste, reste, reste », en m'appuyant sur l'arrière-train comme si j'étais un steak dans un pain à hamburger. J'entrepris alors de le repousser tout en sautillant sur le côté. Nous nous affalâmes l'un sur l'autre et il s'exclama : « Au moins il ne s'est pas relevé, n'est-ce pas ! »

La dresseuse secouait la tête. Nous avions attiré l'attention de toutes les personnes présentes dans la salle.

— Il ne doit pas s'asseoir quand le klaxon retentit, Marc, mais quand *vous* dites le mot, et vous ne devez donner votre ordre qu'*une seule fois*. Il vous faut un ordre pour le libérer ensuite de son obligation. Essayez "c'est bon" ou "merci".

— Pourquoi pas "cauchemar" ! grommela Marc, avant de poursuivre à voix haute : Donc si je comprends bien, s'il s'assoit trop tôt, je dois l'empêcher de s'asseoir, puis je dois le forcer à s'asseoir au bon moment, et ensuite je dois l'empêcher de bouger, pour lui demander juste après de se lever au bon moment. Et le bon moment, c'est quand je lui donne le bon ordre, c'est bien ça ?

— Exactement. Écoutez, je sais que vous êtes nouveau, Marc, mais tout le monde a besoin d'attention. Vous pouvez peut-être vous contenter de faire de votre mieux ?

Marc fit de son mieux. Pour être honnête, je commençais à m'emmêler les pinceaux entre le klaxon et les ordres spéciaux de la dresseuse, puis les ordres de Marc, sans parler de ce manège assis-debout qui me désorientait un peu jusqu'à ce que Marc finisse par crier : « Allez ! Viens ! Allez couchez ! »

À ce moment-là, j'étais complètement perdu. Tous les regards étaient sur moi et j'ignorais si je devais courir vers mon maître, me coucher ou aller jouer ! J'attendis une minute pour en savoir plus, puis je finis par trancher et pris l'initiative de m'allonger. Une chance sur deux, et je m'étais trompé – du moins c'est ce que je déduisis lorsque Marc essaya de me soulever pour me placer en position assise. Chez le vétérinaire, il m'avait dit que je pesais 45 kg et il semblait en être très fier sur le moment, mais à présent le pauvre était en nage.

— Changeons un peu. Essayons le rappel au pied, dit la dresseuse. Bon, mettez-vous par deux. Marc, si vous observez la première paire, vous comprendrez l'idée.

Nous nous tenions tous d'un même côté de la salle. Chacun son tour, chaque maître laissait son chien à quelqu'un d'autre, allait à l'autre bout de la piste, lançait « au pied » ou un ordre similaire, et le chien était alors lâché. Il rejoignait son maître et obtenait une friandise.

Bon sang, ces bergers étaient passionnés et même les cockers grattaient le sol tant ils étaient impatients de traverser cette salle. Puis mon tour arriva. Monsieur Cocker prit ma laisse et Marc se rendit de l'autre côté.

— Viens, mon grand, lança-t-il. Au pied, Izzie.

Sa voix tremblait légèrement.

— Bon garçon, supplia-t-il.

On m'ôta la laisse et je me dirigeai vers Marc, par habitude, sans me presser. Je n'étais pas un berger et je devais bien réfléchir. J'avais déjà appris à Marc la signification de « au pied » – je le rejoignais si j'en avais envie, pour recevoir une friandise. Mais quel était l'intérêt de traverser cette salle pour aller vers lui ? Je n'en avais aucune idée.

Pourquoi les autres chiens l'avaient-ils fait ? C'était une question facile. Soit ils n'avaient pas le contrôle absolu sur leurs maîtres et ils sentaient qu'il leur fallait faire ce qu'on leur demandait, systématiquement (Dieu m'en préserve) ou, seconde théorie, ils recevaient de meilleures friandises que moi.

Non, à bien y penser, mieux valait pour l'éducation de Marc que je ne le rejoigne pas. Je devais montrer à tous ces bergers qui commandait chez nous.

Ainsi, je marchai sur une partie du chemin, pour indiquer que j'avais bien compris l'ordre et que nous pouvions le réutiliser une prochaine fois si j'en avais envie, puis j'allai saluer un aimable berger belge en bout de rangée. Marc poursuivit ses : « Sirius, ici » pendant un moment, jusqu'à se rendre à l'évidence : je ne m'approcherais pas de lui. La dresseuse le rejoignit.

— Juste une fois pour l'ordre, Marc, et dites-le avec conviction. Je vous montre. Comment s'appelle-t-il déjà ?

— Sirius.

— Très bien. Sirius, au pied.

Elle avait prononcé mon nom d'un ton sec, même si elle utilisait sa version je-suis-fâché-contre-toi, et son propre berger belge se redressa aussitôt comme un piquet dans le coin où il était assis depuis qu'on lui avait ordonné d'y rester. Lorsqu'il comprit que ce n'était pas lui qu'on appelait, il s'allongea paisiblement. Je me souvins alors de ma seconde théorie et je trottinai vers la dresseuse pour en avoir le cœur net.

— Bon chien !

Le biscuit qu'elle me donna était exactement le même que ceux de Marc et je me rappelle encore ma déception. Ce fut la dernière fois que je me déplaçai lorsqu'on m'appelait, à moins d'en avoir envie.

— C'est tout pour aujourd'hui, annonça la dresseuse en souriant. Vous savez sur quels points vous devez travailler pour la prochaine fois, Marc. Je suis désolée, mais nous ne pouvons pas accorder à tout le monde notre attention exclusive, vous savez. Plusieurs membres de ce groupe passent à l'agility et je ne serais pas surprise de voir certains noms voler la vedette aux meilleurs.

— Merci, dit Marc.

Ce soir-là, nous n'attendîmes pas le retour de Christine et elle nous réveilla en arrivant.

— Tu rentres tard.

— Tu connais les filles. C'était comment, le cours ? demanda Christine en grimpant dans le lit.

— Super, dit Marc, mais tu as sans doute eu raison de ne pas venir. Je crois que tu te serais ennuyée.

— Sûrement, mon chéri. Et j'ai tellement de choses à faire, de toute façon… non, pas de ça ce soir… je suis très fatiguée…

CHAPITRE SIX

— Il nous bouffe la vie, Marc. Il mâche tout, il vole tout et il fait toujours pipi dans la maison ! À neuf mois !

— Il ne fait pas pipi. Il marque son territoire maintenant que c'est un adolescent. Il a toute cette testostérone qui bouillonne.

— Tu peux te sentir proche de lui parce que c'est un mâle si tu veux, mais il n'empêche qu'il fait pipi, ça sent la pisse et ça se nettoie comme de la pisse !

— Donne la patte à Christine, me dit Marc.

J'obéis en inclinant la tête sur le côté pour lui lancer un regard de biais. D'habitude, ce petit tour faisait mouche. Mais aujourd'hui, on aurait dit que j'avais levé la patte sur elle, à en juger par sa réaction.

— Va-t'en, Sirius.

Ces mots furent accompagnés par un geste de rejet. Ah, elle voulait jouer. Je la poussai en retour.

— Tu vois, s'écria-t-elle, il ne fait rien de ce qu'on lui demande. Rien !

Et elle quitta la partie et la pièce, tandis que je remuais la queue en espérant détendre l'atmosphère. Je regardai Marc.

— Allez, mon grand. On va faire un tour.

Voilà qui me fit remuer la queue de plus belle. Nous partîmes pour une longue promenade, pendant laquelle nous échangeâmes nos pensées à propos de Christine. Les hormones, disions-nous d'un commun accord. Les siennes, pas les miennes.

Lorsque nous rentrâmes, le déjeuner était prêt et Christine semblait beaucoup plus calme. Le téléphone sonna et elle se précipita pour répondre, tandis que Marc allait suspendre son manteau. Naturellement, j'inspectai la table du déjeuner. J'entendis Marc se diriger vers la cuisine et, pris de court, je jetai mon dévolu sur le premier fromage qui passa sous ma truffe.

— Oh, non, pas question, fit Marc en rangeant le plateau hors de ma portée avant de s'asseoir pour surveiller la table.

Je ne pouvais pas dire un mot. La saveur la plus merveilleuse que j'aie jamais goûtée – lactée, fruitée et salée à la fois – remplissait ma gueule, mais malheureusement mes dents s'étaient enfoncées dans le fromage et semblaient coincées. Je ne pouvais pas bouger la langue. Comment allais-je respirer ? À peine cette idée m'eut-elle effleuré que j'en éprouvai le besoin. Or j'en étais bien incapable.

— Wmppp, fis-je pour tenter de prévenir Marc, mais aucun son ne sortait. Wrrrrt, essayai-je à nouveau.

Il ne me regardait même pas.

— À mardi, alors.

Le téléphone fut raccroché dans un clic et Christine revint dans la cuisine en fredonnant.

— C'était qui ?
— Marie.
Christine s'assit pour manger sans tenir compte de mes supplications silencieuses. Je tremblais de tous mes membres. Elle posa les yeux sur les fromages et s'exclama :
— Où est le Beaufort ?
— Ah, fit Marc. Je me suis absenté un instant de la pièce et je crois que Sirius en a profité pour piquer un bout de fromage...
— Marc !
Christine s'était remise à hurler. Elle le faisait de plus en plus souvent ces temps-ci.
— Ce n'était pas un petit bout ! C'était une tranche de Beaufort.
Elle se tourna vers moi en plissant les paupières. Enfin. Je remuai désespérément la queue, plein d'espoir.
— Oh mon Dieu, le fromage est resté là ! Regarde-le – il a des bajoues de hamster.
— Espèce d'idiot, me dit Marc en m'ouvrant les mâchoires, les écartant suffisamment pour retirer mon trophée.
J'essayai d'en mordre un petit bout lorsqu'il s'envola hors de ma gueule, mais il était trop tard. J'avais le cœur brisé en voyant ce merveilleux fromage disparaître loin de moi, dans la poubelle.
La prochaine fois, j'allais devoir exercer les muscles de mes mâchoires avant de tenter à nouveau un tel exploit, mais le jeu en vaudrait la chandelle. Je léchais les petits morceaux coincés entre mes dents et je me passais la langue sur les babines lorsque j'entendis un bruit que je n'avais pas entendu depuis longtemps. Christine riait.
Mieux encore, Marc l'imitait et ils s'appuyaient l'un

contre l'autre pour se soutenir, en me montrant du doigt avant de redoubler d'hilarité. Les humains. Impossible de les comprendre. Je repris le nettoyage méticuleux de mes dents.

Marc et moi suivîmes assidûment les cours d'éducation canine. Mon moment préféré, c'était les ragots pendant que nous attendions que le cours des chiots se termine.

Certains bergers avaient des histoires intéressantes à raconter, même si leurs jugements semblaient toujours un peu biaisés. Pour eux, tout était une compétition ; qui s'assiérait le plus vite, qui pourrait attraper une balle sans qu'elle rebondisse, qui entendrait une souris couiner à un millier de kilomètres de là. Sans doute concouraient-ils même dans leurs rêves.

Mais j'étais largement en avance sur eux en matière de dressage d'humains et j'étais si fier de Marc que je me sentais d'humeur à lui faire plaisir en répondant à la plupart de ses mots d'ordre. Il était ravi et la dresseuse ne cessait de montrer Marc en exemple lorsqu'elle vantait les mérites de ses méthodes. La vie n'aurait pas pu être plus belle.

Chaque fois que nous sortions nous promener, l'odeur de feuilles en décomposition que dégageait le sol était un peu plus forte. Si le vent soufflait, les arbres agitaient leurs feuilles comme une tempête sur notre passage, déposant un tapis qui craquait sous nos pas où sur lequel nous pataugions, selon le temps. Il faisait bon, mais il ne faisait plus chaud et les rivières s'étaient de nouveau remplies. D'après Marc, elles étaient « plus saines ». Nous rencontrâmes de nouveaux amis, un terre-neuve et son humain, un collègue de Marc.

Lors de notre première sortie commune, nous nous

promenâmes sur le chemin près de la rivière, où l'onde fusionnait avec la terre sur des grèves de galets. Cela faisait longtemps que je n'avais pas rencontré un chien de la même taille que moi, voire plus gros, et ce fut un soulagement que de jouer sans retenir ses coups. Je fus dans l'eau en moins de temps qu'il ne faut pour dire : « chien mouillé ».

— Marc, hurlai-je, je coule !

Mais les deux humains poursuivaient leur promenade sans remarquer que ma tête s'enfonçait sous l'eau pour la troisième fois.

Enfin, je fus tiré par le cou et secoué vivement, et je parvins à émerger pour respirer. Mes jambes se mirent automatiquement à mouliner comme un poulet dans la gueule d'un renard et je compris qu'en maintenant ma tête au ras de l'eau avec seules mes narines en surface, au lieu de me débattre pour tendre la tête le plus haut possible, je parvenais au moins à respirer.

— Comme ça, idiot, me dit Porthos en pédalant jusqu'au milieu de la rivière.

Si vous n'avez jamais vu un terre-neuve nager, je vous le conseille. Et quel professeur ! Ils ont non seulement les pattes palmées, mais ils ont de l'eau dans le cerveau. Ils sont dans leur élément et ils le savent.

— Eh, regarde-moi, Sirius !

Il s'élança avec toute la puissance de ses épaules, étendant son museau pour attraper une branche morte entre les dents et la déloger d'une fente dans un rocher avant de l'entraîner dans le courant.

Il planta ses dents d'un côté de la branche, dirigeant l'autre extrémité de plus en plus près de ma gueule et je compris son intention. Nous nous retrouvâmes bientôt accrochés à une branche, nous laissant porter par le courant. Nom d'un chien, c'était amusant !

— Plus d'énergie dans tes pattes arrière et moins d'éclaboussures, s'écriait-il. Les éclaboussures, c'est quand on s'amuse. Ne fais pas l'aroundera sous l'eau, morbleu !

Porthos inventait inlassablement de nouveaux jeux pour améliorer ma technique. Sans doute nos maîtres durent-ils nous rappeler quatre fois à l'ordre avant que nous entendions enfin : « au pied ! »

— À bientôt, Champion, lança le maître de Porthos.

J'ignorais si cette remarque s'adressait à Marc ou à moi, mais dans un cas comme dans l'autre, elle me semblait encourageante. Et elle l'était. Un après-midi à la rivière avec Porthos était le meilleur exercice dont un chien puisse rêver. Une fois, nous sauvâmes la vie d'un homme. Les terre-neuve le font en permanence, vous savez. Porthos m'avait parlé de ses héros, l'équipe de sauveteurs en mer, aux Saintes-Maries en Camargue. Il les avait vus lors d'une démonstration et avait retenu certaines de leurs techniques.

— "Les oursons des mers", comme on les appelle. Tu te rends compte ? C'est un peu comme si une journée était consacrée aux "pompiers à fourrure" ! Ils sont doués, crois-moi.

D'abord, il faut avoir les aptitudes en natation et la force nécessaires, mais tout se joue au niveau des dents. Tu dois agripper le bon morceau de la bonne manière. Si c'est un humain qui se noie, alors c'est le poignet qu'il faut attraper.

Lorsque nous nous approchâmes de nos maîtres, Porthos me montra où se situait le poignet.

— Pas trop fort, sinon tu lui déchirerais la peau et ce

serait considéré comme une morsure, mais pas trop lâche non plus sinon tu risques de le perdre. Et puis, il y a ces objets sur lesquels les humains peuvent se trouver, comme des bateaux ou des bouées. Si tes dents effleurent un dispositif gonflable, pfff ! tu te retrouves avec des bouts de caoutchouc partout et un humain qui crie sur les bras. Non, il faut toujours avoir une prise à attraper...

Ainsi, lorsque nous aperçûmes un homme dans un bateau à la dérive sur la rivière, tenant à la main un bâton au bout duquel pendait une ficelle, agitant le bras d'avant en arrière pour appeler à l'aide, nous fûmes si vite sur le coup que l'équipe de sauvetage des oursons nous aurait suppliés de les rejoindre.

Fort de son expérience, Porthos se dirigea droit sur la corde et je suivis son exemple, y trouvant un endroit où planter les dents. Nous refermâmes nos mâchoires autour de la corde de toutes nos forces et commençâmes à ramener le bateau vers le rivage.

L'homme était toujours sous le choc après avoir frôlé la mort et il criait en gesticulant, son bâton à la main. Il était resté si longtemps qu'il y avait même un poisson piégé au bout de sa ficelle, qui ne tarda pas à se libérer dans toute cette agitation.

Nous luttions contre le courant, plus froid et plus profond par endroits, esquivant des rochers immergés ou des troncs d'arbre sous l'eau. Le bateau était lourd et lorsque nous eûmes tiré l'homme au sec sur la berge, mes mâchoires me faisaient mal. Nous maîtres nous attendaient, inquiets.

— Ce sont vos chiens ? s'exclama l'homme d'une voix rauque, encore terrifié par son expérience.

Devançant ses remerciements, et à la plus grande fierté de nos maîtres, nous aboyâmes tels de véritables héros : « C'est la moindre des choses ! » Puis nous détalâmes pour aller nous jeter à l'eau, un peu plus loin. « Le temps au sec est du temps perdu » était l'une des maximes favorites de Porthos.

— Fais-le sortir et lave-le ! Il est sale et tout mouillé !

Tel était l'accueil que nous avions l'habitude de recevoir après un après-midi à la rivière.

— Ça veut dire : "Salut, vous vous êtes bien amusés ?" me chuchota Marc tout en me séchant à l'aide d'une serviette.

Le vent devint plus froid, les arbres perdirent leurs feuilles et la rivière nous fut interdite pour la saison – promenades en laisse uniquement, et finies les sorties avec Porthos. Marc portait de plus en plus de vêtements à l'extérieur et se réchauffait les mains dans les poches de son manteau, que j'avais grignotées six mois plus tôt pour me servir en friandises directement à la source.

Puis, un soir, le ciel nous tomba sur la tête. Il avait été bizarre toute la journée, interceptant la lumière au lieu de la refléter, lourd, « gris » d'après Marc. Nous rejoignions à pied la salle de dressage lorsque le ciel nous bombarda d'une pluie blanche qui me chatouilla la fourrure et éclata en gouttes glacées sur ma truffe et mes papilles. Je laissai pendre ma langue pour en goûter un maximum. Les flocons voletaient de plus en plus vite lorsque le vent les emportait. Bientôt, la rue dansait sous les points blancs et la lumière des lampadaires semblait tourbillonner sous les bourrasques scintillantes. La moustache de Marc étincelait déjà, comme s'il l'avait plongée dans de la crème glacée, et les odeurs disparurent sous le froid glacial qui engourdissait les sens, plus pur que de l'eau, comme une absence. Je me mis à gémir.

— Moi non plus, je n'aime pas ça. C'est lourd, on s'enfonce et je n'ai pas envie de faire le trajet de retour dans une heure... à quoi bon, de toute façon ? Viens, on rentre.

J'étais en parfait accord avec sa décision. Ne vous méprenez pas – j'aimais le froid – mais ce soir-là, quelque chose me déplaisait. À moins que ce pressentiment n'eût aucun rapport avec la tempête de neige. Peut-être Marc savait-il déjà ce qu'il découvrirait lorsque nous rentrerions à la maison.

Parfois, le silence est pire que : « Il est sale, va le laver. » Surtout quand ce silence vous saisit alors que vous ne l'attendez pas, quand deux voix résonnent là où l'on ne devrait rien entendre – dans la chambre à coucher. Je savais que Christine était avec Des-choses-à-faire, car elle nous l'avait dit, mais je n'avais pas envisagé que Des-choses-à-faire puisse mesurer à peu près la même taille que Marc, sentir le savon et prendre ses jambes à son cou pour s'empresser de quitter la maison. Cette nuit-là, Marc et moi dormîmes dans le salon.

Je me souviendrai toujours de l'aube, le jour suivant, car elle était d'un blanc éblouissant. Je grattai pour sortir et découvrir ce qui se passait dehors. Mes pattes s'enfoncèrent jusqu'à mes genoux dans ce blanc froid et humide. Les premières neiges d'un patou ! Ce que l'eau est au terre-neuve, la neige l'est au patou. Je me roulai dedans jusqu'à en avoir le frisson. Je bondissais, me sentant dix fois plus lourd que d'habitude à chaque saut. Je fis une pirouette et atterris sur un sol aussi moelleux qu'un lit (j'avais réussi à y monter une ou deux fois pour tester le matelas, mais Marc et Christine m'en avaient fortement dissuadé, si bien que j'avais remis cet aspect de leur dressage à plus tard, quand ils seraient plus grands). Marc avait enfilé des bottes et il était sorti pour me regarder faire. Je me ruai sur lui et le fis rouler dans la neige. Il éclata de rire – un peu faible, certes, mais c'était tout de même un rire. Il se mit à former des boules avec la neige. « C'est encore trop poudreux », dit-il en les lançant dans les airs. Je me trouvais juste en dessous lorsqu'elles atterrirent et elles s'écrasèrent sur ma truffe et dans ma gueule. Aujourd'hui encore, la neige, c'est tout l'amusement et l'excitation de l'enfance concentrés dans une grosse boule explosive. Dès le premier flocon, je me sentis d'attaque pour affronter dix loups, quinze chiens errants, m'accoupler avec trois jeunes chiennes et avoir toujours la volonté suffisante pour m'assoir et rester immobile pendant deux longues minutes. En théorie, bien sûr. Pourtant, cette première fois, même la neige ne sut pas distraire Marc très longtemps.

Une nouvelle atmosphère s'était abattue sur notre maison. Elle fut maintenue pendant les journées froides de l'hiver, plus glaciale encore malgré la tentative de trêve à la période de Noël, avec ses échanges et ses remerciements polis, pendant laquelle je mâchonnai du papier et me retrouvai avec du ruban adhésif plein les poils. La trêve expira lorsque les flocons de neige s'évaporèrent. Après la neige, le freesia, puis les jonquilles et toujours aucune amélioration à la maison.

Christine et Marc s'insultaient copieusement, puis un long silence s'ensuivait, empoisonnant les moindres recoins du foyer. Leur animosité finissait toujours par m'atteindre, où que je me cache. J'inspectais minutieusement la maison avec ma truffe, urinant aux emplacements stratégiques, y compris contre le lit qui sentait toujours Des-choses-à-faire, mais je ne parvenais ni à améliorer l'ambiance ni à me remonter le moral. Je me remis à mordiller les marches, car cela avait toujours eu un effet relaxant sur moi quand j'étais un jeune chiot, mais même cette méthode ne fonctionnait plus.

Je recommençai toutefois à mâchonner compulsivement. Je grignotais même mes propres pattes jusqu'à avoir de petites croûtes de peau rose. Mais ils ne s'en rendirent pas compte.

— C'est la fête des Mères, souligna Marc. Amusant quand on y pense. Je me demandais… avant… si tu avais éprouvé l'envie de fonder une famille…

Il se mit à rire, de ce rire jaune dont il avait pris l'habitude ces temps-ci, et qui envoyait des éclairs dans ma tête et me donnait envie de mâcher à nouveau – ma queue cette fois.

— Tu tiens plus à cette foutue bête qu'à moi, quelle place aurait donc un bébé ?

Ce jour-là, Christine eut le dernier mot et quitta la pièce en claquant la porte. Certes, elle venait de confirmer le rang que j'occupais dans cette maison, ce qui me gonflait d'orgueil, mais ça ne rattrapait pas les tensions qui déchiraient la meute. J'étais incapable de les rassembler, et cet échec était la preuve que mes aptitudes de chef souffraient de cruelles faiblesses.

Si seulement tout pouvait redevenir comme avant, à l'époque où nous nous blottissions tous les trois sur le canapé. Marc me lançait un bâton et ils souriaient lorsque j'allais le chercher pour le rapporter à Christine. J'avais envie de les voir sourire à nouveau. S'il fallait un bâton pour cela, qu'à cela ne tienne ! J'en trouverais un. Je gémis en grattant la porte pour qu'on me laisse sortir dans le jardin. Marc m'ouvrit sans un mot, les épaules basses.

En chien méticuleux, je quadrillai le jardin mais il n'y avait absolument rien à se mettre sous la dent. Je m'assis et me grattai derrière l'oreille gauche pour mieux réfléchir, tout en regardant autour de moi à hauteur des yeux. Un rayon de soleil me désigna la solution. J'allais devoir creuser intensivement, mais aucun patou en mission ne rechigne jamais à travailler la terre meuble, et je m'y attelai avec enthousiasme – peut-être un peu trop. En quelques minutes, j'avais déterré les racines du bâton de mon choix, creusant un terrier tout autour. Maintenant, tout ce que j'avais à faire, c'était de le détacher du mur. La partie supérieure ne m'intéressait pas et je me dressai sur les pattes arrière pour ronger la tige et me confectionner un bâton de la bonne longueur. Voilà, je l'avais ! Christine allait sauter de joie.

Le bâton était si long que j'eus du mal à lui faire franchir la porte. Les racines entravaient sa maniabilité et répandaient des mottes de terre dans le couloir. Je l'emportai en trottinant, passant dans la cuisine où Marc était assis, la tête entre ses mains. Une fois n'est pas coutume, je poussai la porte de la chambre pour déposer le bâton sur le lit à côté de Christine. Le résultat dépassa toutes mes attentes. Elle se mit à hurler : « Ma glycine ! » et éclata en sanglots. Sans doute savez-vous aussi bien que moi que les femmes pleurent souvent quand elles sont submergées de bonheur, mais je ne m'étais pas attendu à recevoir un tel accueil.

J'allais rejoindre Marc lorsqu'elle se rua d'elle-même hors de la chambre. À son tour, il fut saisi d'émotion.

— Oh, Izzie ! gémit-il, les yeux humides.

À pas de loup, je me retirai dans le jardin pour leur laisser un peu d'intimité. Et puis, aboyer au portail était bien plus amusant.

Je ne saurai jamais quelle erreur commit Marc pendant mon absence, mais cet après-midi-là, Christine s'en alla pour de bon. Quant à moi, je m'installai sur le lit de Marc le soir même.

CHAPITRE SEPT

Nous devînmes plutôt sales. Sans personne pour dire : « Il est dégoûtant ! », on ne me lavait jamais. J'avais seulement droit à un brossage en bonne et due forme une fois par semaine. Personnellement, ça me convenait très bien. Mère nous avait appris à nous enfuir si nos humains nous menaçaient de shampooing, ce produit agressif pour les huiles qui rendent notre fourrure imperméable. L'eau d'un tuyau était acceptable, mais ce n'était pas une partie de plaisir et la fuite restait la meilleure option. Le brossage, par contre, était essentiel et un Soum de Gaia savait faire preuve de patience pendant le toilettage. À moins, bien sûr, qu'un humain incompétent lui fasse mal, auquel cas un petit coup de dents sur sa main opérait des merveilles – pas une vraie morsure, mais juste assez pour lui montrer que la douleur était à double sens. J'avais appris à Marc toutes les compétences d'un bon toiletteur. Il commençait au bas de la zone à laquelle il s'attaquait, brossait pour retirer les touffes et les nœuds aux extrémités, puis il fredonnait tout en progressant vers les racines. Il travaillait toujours dans la direction du poil et je somnolais, bercé par ses chansons, tandis qu'il me brossait le dos et l'arrière-train jusqu'à être satisfait de son œuvre. Ensuite, il donnait quelques coups de peigne à rebrousse-poil et terminait par un léger massage avec une brosse en caoutchouc pour retirer les poils qui s'étaient détachés. C'était très agréable et après une semaine à patauger dans les flaques et à me rouler dans tout ce qui sentait fort, j'admets que ma séance hebdomadaire était une nécessité. En revanche, si Marc ne me laissait pas tomber, il se négligeait terriblement.

Il se toilettait sans doute toutes les semaines, mais ça ne se voyait pas. Son visage piquait contre ma langue et j'aimais de plus en plus lécher ses vêtements, aux saveurs salées d'œuf et de sauce tomate.

— Je dois me reprendre en main, me dit-il. Tout part à vau-l'eau, une vraie vie de chien – sans te manquer de respect. Même les toilettes ne s'autonettoient plus depuis qu'elle est partie.

Si c'était une vie de chien, alors je devais m'en montrer digne. La salle de bain était constamment ouverte et je m'étais remis à boire directement dans les toilettes. Comme le siège était toujours relevé, on ne me reprochait jamais d'étaler de l'eau partout. En fait, je ne recevais aucune plainte de quelque ordre que ce fût. Le soir, j'étais confortablement installé sur le canapé à côté de Marc, et je passais la nuit sur son lit. Je savais qu'une patte n'était pas exactement la même chose qu'une main à tenir, mais il s'en remettrait. Il entreprendrait de nouveaux projets. Peut-être se passerait-il quelque chose de palpitant à ce « travail » où il se rendait tous les jours. Qui sait ?

À présent, j'étais habitué à ce qu'on me laisse seul, si bien que je ne prenais presque plus la peine de mâcher un coin de tapis ou de tapisserie. Si je le faisais, c'était plus en souvenir du bon vieux temps que pour le vrai frisson. Ainsi je fus un peu surpris quand Marc rentra à la maison et me passa un savon en constatant que j'avais déchiré un petit bout de papier peint ! On ne m'avait pas réprimandé depuis le départ de Christine. Et pour une chose aussi banale ! Je ne comprenais absolument pas. Il entreprit alors de recoller le papier peint déchiré. Je n'étais pas d'humeur à me remettre à jouer et je le laissai seul. Je n'arrivais pas à déterminer ce qui se passait. Marc rentrait du travail et, après notre promenade, nettoyait la maison. Il passait l'aspirateur, le chiffon à poussière, lavait les surfaces à grande eau. Il effectua même quelques retouches de peinture, jeta des piles de journaux et nettoya les neuf tasses éparpillées dans toute la maison et au fond desquelles le café avait tourné au moisi (même moi je trouvais ce contenu peu ragoutant). Il raccourcissait nos promenades, employant des mots qui me glaçaient d'effroi : « Ce sera tout pour aujourd'hui, mon grand. J'ai des choses à faire. » Il ne semblait même pas se souvenir de ce que Des-choses-à-faire de Christine avait entraîné.

Il rentrait parfois du travail pour de courtes périodes d'une heure, parfois le matin, parfois l'après-midi, afin de « faire visiter aux gens ». Ça me faisait penser à la Sélection, lorsque j'étais un chiot. Même le ton de Marc était semblable à celui qu'employait notre humaine avec les Sélectionneurs. Il n'allait tout de même pas me vendre ? Bien sûr que non. J'écartai de mon esprit une idée aussi saugrenue et tentai de profiter au maximum de nos promenades avant le petit déjeuner, de nos soirées en tête à tête et de nos longs week-ends d'activités partagées.

Un homme et une femme effectuèrent deux visites. Puis

trois. Enfin, Marc passa une soirée à me caresser sur le canapé. Il y avait des larmes dans sa voix lorsqu'il me parla :

— Je suis désolé, mon vieux. Je sais que tu ne comprends pas un mot de ce que je dis, mais tu es mon meilleur ami et tu vas me manquer. Pourtant j'ai bien réfléchi et c'est impossible, je ne peux pas t'emmener vivre dans un appartement. Je dois vendre la maison pour donner sa part à Christine, et j'ai obtenu cette promotion, à Paris. C'est une opportunité importante. Je dois continuer ma vie. Mais ce ne serait pas juste envers toi si je t'emmenais avec moi. Tu seras mieux avec Jean-Pierre et Beryle. Ça ne sert à rien de faire traîner les choses, ça ne fera que les rendre plus difficiles.

Pour qui ? me demandai-je, l'esprit embrouillé par l'incompréhension.

La sonnette de la porte d'entrée retentit. Marc fit entrer une voix forte et enjouée ainsi qu'une petite voix plus basse et plus douce.

— Oh, quel amour, s'exclama la voix douce en me caressant sous le menton, pile comme je l'aimais.

— Les enfants vont l'adorer, fit la grosse voix enjouée.

— Je reviendrai te chercher quand tout se sera arrangé, me dit Marc. Je te le promets.

Il boucla ma laisse à mon collier et il m'abandonna.

J'avais l'impression d'entrer dans un univers parallèle. Tout ressemblait à ce que je connaissais, mais c'était toujours légèrement différent. Et par tout, j'entends *tout*.

— En voiture, mon grand, me dit la voix enjouée.

Un coffre de voiture était ouvert et je sautai à l'intérieur. Pourtant quelque chose clochait. C'était la voix de Marc qui aurait dû me dire : « hop » et « bon chien », et le coffre aurait dû être plus bas, plus accueillant, et dégager une odeur tenace de chien mouillé – moi – et non d'aérosol et d'orange artificielle. Je collai ma truffe à la vitre pour voir où nous allions, mais elle se couvrit si rapidement de buée que je n'aperçus que des bribes de maisons, de lampadaires, de voitures, de maisons, de lampadaires, de voitures...

Je découvris ensuite une entrée, un couloir, des portes ouvrant sur une cuisine, un salon. Je savais ce que c'était, et pourtant je ne reconnaissais pas les lieux. Mes oreilles étaient en alerte et lorsque Jean-Pierre cria, je reculai d'un bond, déclenchant un bruit métallique contre le radiateur lorsqu'il vint cogner mon arrière-train.

— Eh, les enfants, nous sommes rentrés ! s'écria Jean-Pierre dans les escaliers en direction de l'étage.

Son nom, comme tout le reste, me semblait étranger. Brusquement, il y eut du bruit partout, des cris et des pas précipités dans les escaliers, des bras qui s'agitent. Je n'avais nulle part où aller et je ne pus que rabattre mes oreilles en arrière et laisser ma fourrure s'exprimer à ma place. Je n'aurais pas été plus tendu si un troupeau d'une vingtaine d'ours m'avait foncé dessus, et je m'apprêtais à gronder pour les faire baisser d'un ton lorsque Beryle s'en chargea à ma place.

— Du calme, les enfants ! C'est tout nouveau pour lui et il est forcément un peu nerveux, alors allez-y doucement.

— Ouah, il est énorme ! On peut le caresser ?

Sans attendre la réponse, des mains gesticulèrent au-dessus de ma tête comme des serpents et je dus me baisser pour les éviter. S'ils ne comprenaient pas le message, il me faudrait claquer des dents dans le vide en guise d'avertissement.

— Je n'aime pas ça, remarqua Jean-Pierre. Je croyais qu'il était censé être amical et affectueux avec les enfants.

— Laisse-lui le temps. Il faut d'abord qu'il renifle ta main, sous sa truffe, pas au-dessus. Puis s'il est content, caresse-le sous le menton...

— Comment savoir s'il est content ?

— S'il est content, il reste calme et semble un peu plus détendu. Regarde, comme ça.

Une fois de plus, Beryle avança doucement sa main vers moi, me laissa renifler son parfum de lavande et de cannelle, puis elle me caressa sous le menton pour m'apaiser, si bien que je remarquai à peine les petites mains fébriles qui se posèrent en même temps sur moi.

— Laissons Sirius trouver ses marques et s'habituer à nous.

La meute se dirigea vers le salon et je les suivis. Je tournai et me retournai avant de m'installer confortablement pour un somme dans l'encadrement de la porte, d'où je pouvais garder un œil ouvert et éviter les ennuis.

— Non, pas ici, Sirius.

Une grosse main m'attrapa par le collier pour m'empêcher de m'allonger. J'étais trop fatigué et déstabilisé pour me plaindre et je me laissai entraîner dans un coin.

— Voilà ta place.

Je fermai les yeux et dérivai lentement vers un monde où j'étais encore un jeune chiot. J'étais assis entre Marc et Christine sur un canapé qui se changea en torrent impétueux, et Terre-Neuve me lança : « Nage avec le courant, patou, ne gaspille pas ta force en essayant de traverser avant le bon moment. » Je sentais de temps en temps de petits doigts dans ma fourrure, mais c'étaient ceux de Christine et de Marc. Tout allait bien et je me laissai emporter. Terre-Neuve viendrait à mon secours si le courant s'avérait trop fort.

Progressivement, l'inconnu devint l'ordinaire. La nourriture avait la même odeur que d'habitude, mais il était difficile de se détendre et de manger quand les voix aiguës sautaient partout en criant. Les enfants se déplaçaient si vite que j'étais tenté de jouer avec eux, rien qu'une petite course-poursuite pour attraper leurs bras dans ma gueule, comme je le faisais avec Marc. Ils se mettaient alors à remuer et, excité, je resserrais mon étreinte en les secouant. Ils aimaient ça et glapissaient, mais Beryle ne cessait de me dire :

— C'est trop fort, Sirius. Les garçons, Sirius ne voulait pas vous faire mal. Il est encore en train d'apprendre ce qu'il a le droit de faire ici.

Elle se trompait. J'avais vite appris ce que j'étais autorisé à faire. Absolument rien. M'allonger dans le passage ? Non. M'asseoir sur le canapé ? Non. La chambre ? Totalement proscrit, ainsi que plusieurs autres pièces. Creuser ? Non. Jouer ? Non. En fait, je n'avais encore rien trouvé d'amusant à faire. Et « non » signifiait généralement une grande main qui s'abattait sur mon collier.

— Il faut être ferme avec un chien, surtout de cette taille.

Je n'aimais vraiment pas qu'on m'attrape par le cou et j'avais essayé d'expliquer à Jean-Pierre que je préférais une approche plus polie. Quand je sentais qu'il me tirait le collier, je tournais vivement la tête vers sa main pour le prévenir, mais il ne saisissait jamais l'allusion.

Les activités basiques comme dormir et manger étaient

permises, aux endroits appropriés. Jean-Pierre me sortait en laisse chaque jour et, aux lampadaires et aux accotements, j'appris qui étaient mes voisins. Je devinais ce qu'avaient mangé leurs humains d'après les odeurs de poubelles, et si Jean-Pierre me laissait m'arrêter pour renifler, je savais où les rats et les écureuils avaient traversé notre route. Tel était notre quotidien, mais j'avais l'impression d'avoir une machine silencieuse à l'autre bout de la laisse. Jean-Pierre était une énigme. Il ne me parlait pas, il me touchait à peine – à part pour tirer sur mon collier.

Notre promenade se déroulait toujours selon le même circuit, sur la même distance, deux rues au nord, quatre rues à l'ouest, une rue au sud et cinq rues à l'est pour rentrer à la maison. Je ne pouvais toujours pas considérer que c'était chez moi. Parfois lors de ces promenades, nous rencontrions l'une de ses connaissances et j'entendais alors la voix de Jean-Pierre.

— C'est un beau chien que vous avez là.

Une main inconnue plongeait vers ma tête et je l'esquivais. À moins que ce ne soit quelqu'un que j'avais déjà rencontré, auquel cas je l'acceptais. Une personne plus courtoise m'offrait parfois sa main à renifler avant de continuer par une caresse sur le côté de mon visage.

— Un peu dominant, expliquait Jean-Pierre. Mais rien que je ne puisse gérer. Il faut attendre qu'ils vous montrent le respect qui vous est dû avant de les récompenser par votre affection. Ma femme et mes enfants sont un peu mièvres avec lui, mais je maintiens l'équilibre. Un pedigree fantastique. Son père est un champion.

Ils parlaient ensuite de leurs familles, du travail ou de la pêche. Je n'étais pas assez bien dressé pour qu'on m'emmène à la pêche, entendis-je Jean-Pierre dire à Beryle.

Ainsi ma vie s'écoulait. Je passais de longues périodes entre deux couchers de soleil sans penser à Marc et à sa promesse de revenir. Ma queue remuait quand je voyais Beryle me sourire. Elle récupérait de petits morceaux de fromage ou de saucisson et me les donnait si je voulais bien m'asseoir pour lui faire plaisir. Elle m'expliqua que Jean-Pierre travaillait trop, avait beaucoup de soucis, mais qu'en vacances c'était un autre homme. Cet autre homme l'invitait au restaurant, l'embrassait beaucoup, jouait avec ses enfants, portait des shorts. Mais je devais la croire sur parole, car il était hors de question qu'ils m'emmènent en vacances. J'avais entendu Jean-Pierre le dire à Beryle.

Je laissais Gilles et Fred me poursuivre dans le jardin et j'essayais de ne pas les renverser lorsque je changeais de direction. Je n'avais plus peur de leurs cris quand ils couraient, ni de leurs petites mains plongées dans ma fourrure. Parfois, nous nous asseyons côte à côte et je sentais cette vieille chaleur du tas de chiots qui m'envahissait quand leurs petits corps maigres encadraient le mien. Si Gilles était seul, il me parlait de l'école, de son goût pour l'anglais et de son blocage pour les maths, et me disait qu'il devait s'améliorer dans cette matière parce qu'il voulait devenir médecin. Quant à Fred, il me confiait que son grand frère était la personne la plus importante dans sa vie et qu'il craignait de ne pas s'en sortir quand Gilles irait à la grande école et qu'il devrait mener ses propres combats. Je l'écoutais en me demandant ce que cela signifiait vraiment, être un grand frère.

Tout bien considéré, je commençais à me sentir à ma place lorsque l'événement se produisit. J'avais deux repas, le matin et le soir. Celui du matin se déroulait dans le calme, juste Beryle et moi, et je pouvais me détendre. Le soir, j'avais l'impression de manger pendant une attaque de loups. Gilles et Fred rentraient de l'école, fonçaient dans la cuisine et attrapaient des biscuits, des chips ou du fromage dans le réfrigérateur, avant de passer en trombe à côté de moi tout en se bousculant et en chahutant. Beryle leur criait de se tenir tranquilles et le stress bourdonnait dans ma tête comme un essaim de frelons. D'habitude, Jean-Pierre était toujours au travail, mais ce jour-là il était rentré plus tôt pour découvrir le chaos dans la cuisine, où j'essayais tant bien que mal de terminer mon repas.

Sa voix tonna au-dessus des autres :

— Arrêtez ce raffut !

Beryle vira au rouge, sans doute car elle avait été interrompue alors qu'elle s'égosillait. Gilles lâcha Fred, qui perdit l'équilibre et, dans sa chute, s'agrippa à une chaise. Son sandwich à demi grignoté atterrit pile dans ma gamelle, où j'avais le nez dans ma nourriture, et j'engloutis au vol la surprise inattendue. La main de Fred suivit de près, lorsqu'il tendit le bras vers mon bol pour amortir sa chute. Fred poussa un hurlement. Le choc de sa dégringolade, sans doute, ou parce qu'il avait vu mes dents se refermer près de ses doigts – je ne le saurai jamais. Il se mit à pleurer et Beryle l'aida à se relever, s'assit et le prit sur ses genoux pour le réconforter. Jean-Pierre me fusilla du regard et je reportai mon attention sur le reste de ma nourriture. Un agréable arrière-goût de fromage et de pain s'attardait dans ma gueule.

— Ça suffit ! explosa la voix. C'est de pire en pire, il devient encore plus agressif !

J'avais de la peine pour Gilles, car c'était le genre de prise de bec entre frères qui serait oubliée en cinq minutes quand ils se retrouveraient à construire ensemble des villes en Playmobil.

— Mais Jean-Pierre… commença Beryle.

Fred s'étranglait dans ses sanglots, comme chaque fois que les vannes étaient ouvertes, plus par soulagement que par réel chagrin. Une ecchymose se formait déjà sur son genou.

— Tu es trop gentille avec lui depuis le début – je t'avais prévenue ! Ça fait deux mois maintenant et il est encore pire !

Beryle serra Fred plus fort contre elle.

— Je refuse d'abriter sous mon toit une menace pour mes enfants !

Je regardai Gilles en me demandant pourquoi il ne pleurait pas. Son visage était livide.

— Papa, Izzie ne pensait pas à mal, murmura-t-il.

Mon cœur se brisa lorsque je compris en entendant mon nom. C'était moi que l'on accusait d'agressivité. J'allais devoir partir. J'espérais encore que Fred arrangerait tout, ou Beryle, mais les pleurs du garçon redoublèrent. Beryle ouvrit la bouche.

— Je ne l'avais encore jamais vu faire ça.

— Ça ne m'étonne pas de toi ! Eh bien, même si c'est vrai, c'est une fois de trop.

« Écoutez, les implorai-je silencieusement, c'était un sandwich au fromage, Fred n'a pas une égratignure, pas une seule. Je n'oserais jamais. » Mais je savais au goût amer sur ma langue qu'il n'y avait plus aucune trace du sandwich au fromage. L'esprit des humains était lent. Peut-être Fred lui-même croyait-il que j'avais voulu le mordre.

— Non, Beryle. Tu as vu cette émission à la télé. Un chien

capable de mordre quelqu'un qui toucherait à sa nourriture est dangereux, et je ne veux pas qu'un chien dangereux vive près de mes enfants. Un autre accident comme celui-ci et Fred n'aura peut-être pas autant de chance.

L'individu chanceux était toujours prostré et hébété sur les genoux de sa mère. Ses épaules étaient basses et ses lèvres tremblaient.

— Que comptes-tu faire de lui ? demanda Beryle d'une voix de plus en plus calme.

Je pouvais entendre le bourdonnement du réfrigérateur.

— La seule décision responsable. Je l'emmènerai dans un refuge de la SPA.

— Non ! s'écria Gilles. Tu ne peux pas te débarrasser d'Izzie !

— Un jour, tu comprendras, mon grand.

— Je te déteste !

Gilles sortit en trombe de la pièce et ses pieds gravirent lourdement deux marches à la fois jusqu'à ce que la porte de sa chambre se ferme en claquant.

— Nous avons promis à Marc, objecta Beryle.

— Non, nous ne lui avons pas promis de récupérer un chien agressif. Et il est passé à autre chose, il ne reprendra jamais le chien. Ce serait cruel de le lui dire. Non, il faut prendre la seule décision responsable, aussi difficile qu'elle soit.

Jean-Pierre ébouriffa les cheveux de son cadet.

— Ils s'occuperont bien de lui et ils lui trouveront un propriétaire sans enfants, qui pourra lui donner la discipline dont il a besoin – et non pas du sentimentalisme.

Son regard ne laissait aucun doute quant à la personne qu'il accusait de sentimentalisme. Beryle lui renvoya son regard froid, les bras serrés autour de son fils.

— Je suis sûre que papa a raison, mentit-elle. Izzie trouvera quelqu'un qui l'aime autant que nous et qui pourra mieux s'occuper de lui.

C'est ainsi qu'après quelques saccades sur mon collier, je me retrouvai abandonné à la SPA. Sirius de Soum de Gaia, chien agressif à ne pas approcher des enfants.

CHAPITRE HUIT

Les perspectives étaient limitées. À moins d'aimer le béton, les clôtures et la compagnie de plusieurs dizaines de chiens. L'un d'eux lorgnait mes rotules d'un air agressif, incapable d'incliner suffisamment le cou pour croiser mon regard.

— Pourquoi es-tu ici ? me demanda-t-il.

De la fourrure de terrier couvrait un corps de teckel, long et bas, mais ses oreilles en pointe et son long museau suggéraient un soupçon de berger allemand. Je n'étais pas vraiment d'humeur à discuter de nos races d'origine et j'avais le fort pressentiment que le nom de Soum de Gaia ne signifiait pas grand-chose pour les détenus, même si mon pedigree pouvait jouer en ma faveur dans l'éventualité très improbable où Marc ne me retrouve pas rapidement.

Comment au juste allait-il me retrouver ? C'était une autre de ces questions que j'enfouis aussi profondément que ce jouet en en caoutchouc noir dans les plants de rosier.

— C'est une erreur, expliquai-je au teckel-terrier.

Son regard restait dur.

— C'est ce qu'ils disent tous, alors autant avouer.

Un bâtard pure race, noir et de taille moyenne quitta les barreaux entre lesquels il avait glissé son museau, au passage de deux humains, et revint vers nous au pas de charge. Il était toujours essoufflé lorsqu'il lança :

— Agresseur d'enfants.

Six paires d'yeux canins me toisèrent, même si la petite taille de leurs propriétaires ne leur permettait pas de me regarder de haut. C'était le genre de silence qui me hérissait les poils et rabattait mes oreilles en arrière. J'étais prêt à attaquer. Ils étaient tous d'une taille moyenne, ou plus petits encore, et le lévrier à une oreille ne semblait pas intéressé.

En revanche, le bâtard noir et les deux femelles labrador étaient musclés. Le teckel-terrier ne paraissait pas commode et je préférais ne pas sentir les dents de la femelle bouledogue sur ma peau. Ce fut cette dernière qui prit la parole.

— J'ai mordu trois de ces petites horreurs, déclara-t-elle.

— Maisie est celle qui a le meilleur score en matière d'enfants, m'expliqua-t-on. Elle espère conserver son titre et, comme tu es un grand gaillard, on se demandait... combien ?

— Un seul, répondis-je, mais je ne l'ai pas vraiment fait.

Les plis du visage de Maisie changèrent légèrement d'expression et j'y décelai une certaine satisfaction.

— Trois, confirma-t-elle, dans trois familles différentes. Je les déteste, ils détalent comme des lapins, ils hurlent et vous tirent dans tous les sens. Et les tout-petits empestent toujours la nourriture. Dès l'instant où vous mâchonnez un bout de leur biberon éventé pour le petit déjeuner, la mère vous hurle dessus comme si vous aviez dévoré le bébé.

Fronçant son visage aux poils drus, le teckel-terrier

demanda :

— Quelqu'un a déjà mangé un bébé ?

Réponses négatives.

— Non, j'imagine. C'est l'un de ces crimes dont on parle toujours, mais que personne ne commet, dit-il, presque mélancolique.

Il revint vers moi.

— Ils envoient toujours Maisie dans des familles, m'expliqua-t-il. Parce qu'elle est si mignonne qu'il se trouve toujours quelqu'un pour la choisir, et comme ils ne cherchent qu'à se débarrasser de leurs bouches à nourrir, ils oublient de mentionner que ce n'est pas un chien qui convient aux enfants...

— Je suis parfaite pour eux, le contredit Maisie. Je les remets à leur place en moins de vingt-quatre heures, même sous la surveillance de leurs parents.

— ... et elle revient illico avec nous jusqu'à ce que le bouffon suivant se présente.

— Bonne vieille Maisie, s'exclamèrent les labradors en chœur – et Maisie accentua ses rides pour paraître encore plus adorable.

— J'aime les enfants, avança le bâtard noir.

— Tu es un dur au cœur tendre, Prince, lui dit le teckel-terrier en me soufflant : il a six ans, donc aucune chance de trouver une famille. Trop vieux, nous savons tous ce que ça signifie. Il peut oublier ses projets de retraite.

— Eh, les amis, la bouffe arrive !

Une vague d'aboiements, initiée au loin, s'était propagée et avait atteint l'enclos adjacent au nôtre, où un groupe de trois ou quatre chiens était pressé contre la clôture du côté de l'allée, les oreilles en alerte et la queue déjà frémissante.

— Tu as de la chance, mon grand. C'est la princesse,

aboya le teckel-terrier. Hume-moi ça.

Nous prîmes tous une profonde inspiration et sentîmes une odeur de jeune transpiration, dont les effluves salés transportaient un doux parfum féminin. Vanille et cheveux propres et tièdes. Du cirage de chaussures par-dessus la boue séchée de la rivière où je jouais avec Terre-Neuve. C'était l'odeur des sourires. Nous entendions le bruit métallique des portes des cages et apercevions des vêtements humains, un jean, et un seau qui se balançait sous la pression des chiens affamés. Sa voix était un ronronnement :

— Allons allons, ne poussez pas, pas de bousculades, on ne chaparde pas dans la gamelle des autres. Salut, Jack, comment vas-tu aujourd'hui ? Clémentine, bonjour à toi.

Elle eut un mot pour chacun, à tour de rôle, les appelant par leurs noms. Les cages par lesquelles elle était passée avaient sombré dans le silence, diffusant des vibrations canines ensommeillées, ainsi que ces soupirs et ronflements caractéristiques d'un ventre plein, quand tout va pour le mieux dans le meilleur des mondes.

La même sérénité descendit sur la cellule voisine, et nous augmentâmes le volume lorsque vint notre tour. La porte de la cage s'ouvrit dans un bruit de ferraille et entra celle que l'on appelait Princesse.

— Attends, Jack. Melba, juste une minute.

Elle posa son seau sur le sol en béton et écarta doucement le teckel-terrier, ainsi qu'un labrador qui cherchait un raccourci vers la nourriture qui semblait offerte. Le seau était recouvert et Princesse s'accroupit à côté. Elle me regarda droit dans les yeux, les bras tendus vers moi.

Cloué sur place, je lui renvoyai son regard. Elle avait les

yeux les moins canins que j'aie jamais vus. J'en distinguais tous les cercles colorés (mais que l'on ne me demande pas de nommer les différentes nuances, je ne suis pas humain) ! Noisette fut le terme que j'entendis un jour à leur sujet. On pouvait compter sur deux pattes le nombre d'humains que j'avais regardés aussi longuement dans les yeux – quatre pattes si l'on incluait les chiens, mais à ce sujet mes souvenirs sont un peu assombris par le grincement de dents et le chaos qui découlaient toujours d'un tel contact visuel.

J'avais déjà vu des regards empreints d'amour, des regards froids et furieux, des regards fatigués, des regards coupables – mais jamais de tels yeux. On aurait dit que la rivière, le terre-neuve et mon maître sur la rive avaient fusionné en deux petits bassins chaleureux et amicaux. Je ne pouvais détourner le regard.

— Alors tu es le petit dernier, ronronna la voix. Tu n'as pas l'air si méchant. On ne nous raconte jamais tout, tu sais. Parfois on vous présente sous un mauvais angle, parfois on vous surestime, tout dépend souvent de la personne avec laquelle vous êtes... les gens peuvent être si stupides avec les chiens, si ignorants !

Elle sembla se rendre compte que sa voix était devenue plus sèche, car elle changea de position et reprit son doux roucoulement :

— Alors, petit chéri, Sirius, tu viens me dire bonjour ? Viens me voir, mon petit bonhomme, Sirius...

Elle ne détachait pas ses yeux de moi, comme si elle essayait de déchiffrer quelque chose sur mon visage. J'étais toujours incapable de bouger, mais je ne détournais pas non plus le regard. J'avais envie de l'entendre continuer.

Le ronronnement atteignait mon double ergot et j'aimais ça. C'était très agréable. Elle éclata de rire.

— Izzie, dit-elle. Izzie, viens recevoir un câlin, petit Izzie.

Princesse m'attira dans son regard, aussi assuré que le terre-neuve contre le courant fort de la rivière, et je fus sauvé lorsque ses doigts glissèrent dans ma fourrure.

La porte se referma dans un bruit métallique lorsqu'elle partit. J'avais reçu ma propre gamelle de nourriture et Princesse s'était assurée que nous terminions notre repas, sans voler ni nous chamailler, avant de ramasser son seau et de passer à la cage suivante, laissant dans son sillage un calme hypnotique.

— Ils ne sont pas tous comme ça, précisa Maisie, dont les yeux perdaient graduellement leur éclat.

— Personne n'est comme ça, dit Prince.

— Pourquoi est-elle enfermée ? demandai-je.

— Pauvre innocent !

Maisie riait tellement qu'elle roula sur le dos, mais pas assez longtemps pour que les autres en profitent et tentent de défier sa domination. J'avais la sensation que Maisie était de taille à affronter la plupart des chiens et je n'aurais pas aimé me retrouver face à elle dans une session où tous les coups sont permis. J'évitai de penser aux trois enfants.

— Ce soir, au crépuscule, ce sera l'heure des contes et nous mettrons Sirius au courant de tout. Mais pour l'instant, repos et silence.

Le teckel-terrier, Jack, s'étira sur le dos et il ne tarda pas à décrire des moulinets avec ses pattes arrière dans une poursuite imaginaire. La confiance avec laquelle il s'abandonnait à une telle vulnérabilité me rassurait, même parmi ces inconnus, mais je n'étais pas prêt à m'ouvrir autant et je me pelotonnai contre le côté de la cage, protégeant mon flanc juste au cas où.

De temps en temps, je jetais un œil sur mes codétenus, ouvrant à tour de rôle telle ou telle paupière ensommeillée, mais la fatigue eut bientôt raison de moi. Le stress de la journée se fondit dans la mousse moelleuse des rêves.

Le crépuscule, l'heure violette, le moment où vos yeux deviennent loups, prêts pour la chasse nocturne – ou prêts à empêcher la chasse nocturne lorsque vous gardiez un troupeau en pleine montagne sous les étoiles.

Un Soum de Gaia n'a pas besoin d'apprendre comment protéger ; l'instinct est ancré dans notre sang, nous donnant le courage de combattre des ours, des loups et des chiens sauvages.

Le crépuscule est l'appel que lance la nature à ses créatures, quand on laisse libre cours à son loup intérieur sur l'ancien champ de bataille où le chien mange le chien. Les grands protecteurs des légendes Soum de Gaia, César, Achille, Boadicée, étaient tous parvenus à écouter leur loup intérieur – et à le contrôler. « Lacère la gorge d'un ennemi et lèche celle d'un ami », telle était la maxime du protecteur, d'après notre mère. Son frère travaillait dans la montagne et s'y était préparé depuis sa plus tendre enfance en apprenant les préceptes de ses tantes, ses oncles et son humain.

— La différence entre un excellent et un bon protecteur se joue à quelques secondes ; les excellents protecteurs peuvent passer du mode ennemi (lacérer la gorge) au mode ami (la lécher) en un seul mouvement. Et le chien qui met trop longtemps à changer d'attitude est condamné, quel que soit l'ordre dans lequel il se trompe. Il faut sentir le lien qui vous donne de la force, qui vous lie à votre troupeau, pour le protéger jusqu'à votre dernier souffle.

Ce Soum de Gaia était ancré en moi et s'éveillait au

crépuscule, sans moutons. Je décelais dans les autres regards une vague lueur nocturne. Certains faisaient les cent pas avec nervosité, révélant les combats de leurs propres loups intérieurs.

— C'est l'heure du conte !

Le hurlement fut poussé dans une cage en aval de la mienne. J'ignorais qui avait initié l'appel, mais il fut repris dans tout l'enclos jusqu'à ce que Jack aboie :

— Le nouveau d'abord.

Les chiens se turent, m'invitant à commencer.

Entre lueur et obscurité, entre chien et loup, je hurlai mon conte aux voix invisibles qui faisaient écho à la mienne tandis que se déroulait le fil de ma vie. Nous chantâmes les montagnes et mes frères, ma Sélection et mon Abandon.

— Ce n'est pas juste ! hurlait ma voix.

— Ce n'est pas juste ! chantèrent les voix autour de moi.

— Je n'ai rien fait de mal !

— Il n'a rien fait de mal, approuvait la meute.

— Et Marc viendra me chercher ! hurlai-je. Il me l'a promis.

— Il viendra ! résonnaient les voix, se hissant vers le croissant de lune qui brillait dans le ciel sombre.

— Il viendra, fit ma propre voix rauque en terminant la grande histoire d'une si courte vie. Il viendra.

Jack me donna un petit coup sur la patte.

— Dors maintenant, petit frère. Nous veillerons sur toi.

Il aboya une conclusion vers le crépuscule.

— L'obscurité est là. À demain, mes amis.

— À demain, résonna le chœur.

Je plongeai alors dans un sommeil plus profond et plus sombre que les eaux de la rivière.

C'est ainsi que mon nouveau quotidien prit forme. Je

découvris que Princesse n'était que l'un des humains qui nous apportaient à manger et le temps s'étira, de plus en plus long, entre ses visites. Je les attendais avec une impatience sans cesse accrue. Un jour, elle se présenta avec un collier et une laisse en dehors des heures de repas.

— À nous deux, Izzie, dit-elle en se baissant pour tendre les bras, tout comme la première fois. J'ai envie de te connaître un peu mieux pour m'aider à te trouver une nouvelle maison, parce que tu es magnifique, n'est-ce pas ? Regarde-moi ces grands yeux marron !

Elle ronronnait de nouveau, comme lors de notre rencontre, et je me retrouvai avec une chaîne autour du cou, la laisse dans la main de Princesse. Pas besoin que l'on me montre deux fois une cage ouverte – j'étais dehors !

J'aurais voulu dire que je me sentais coupable d'abandonner Jack, Prince et les autres à languir dans l'enclos, mais j'étais toute truffe dehors.

Je reniflai chien sur chien, ainsi que d'étranges effluves de produits pétrochimiques, avant qu'une puanteur d'eaux usées d'origine humaine m'agresse les narines au point qu'il me faille éternuer et tousser pour les dégager.

J'entraînai doucement Princesse derrière moi. Elle restait sur ma droite, même si je croisais parfois sa trajectoire lorsque quelque chose attirait mon attention. Brusquement, une brève saccade au niveau du cou m'arrêta. Je tournai la tête, mais elle souriait toujours – tout allait bien. Elle n'avait tout simplement pas été bien dressée à être conduite en laisse. Je repris donc à un rythme soutenu pour lui montrer l'exemple. Ouille ! Une autre secousse.

— Tu n'as pas été bien dressé pour te promener correctement, dis donc, fit-elle.

Amusant, je me faisais exactement la même réflexion.

J'étais certain que nous y arriverions et je remuai la queue pour l'encourager. Vous ne le croirez jamais, mais la pauvre fille était incroyablement désorganisée, et brutale par moments pour une créature si fine. Je la faisais marcher correctement et soudain, elle virait sur la droite, me donnant une telle secousse que j'étais forcé de la suivre. Pire encore, elle tournait parfois sur la gauche, me faisant trébucher en me coupant la route. Ignorait-elle que c'étaient là de très mauvaises manières ? Et elle insistait pour marcher tout le temps sur ma droite – d'après moi, elle était pointilleuse au point que c'en était compulsif. Ou bien nous trottions nonchalamment lorsqu'elle s'arrêtait net, alors qu'il n'y avait pas la moindre odeur valable. En revanche, quand je me campais sur mes jambes pour flairer une piste particulièrement intéressante, elle voulait que je continue ! Cette fille n'obéissait à aucune logique.

Au bout d'un moment, j'en eus assez de me faire ballotter dans tous les sens. Je me demandai si je ne pouvais pas lui faire changer d'avis pour rendre la sortie plus amusante. Je me concentrai alors de toutes mes forces et, dès la minute où je sentais pivoter un muscle de sa jambe, je tournais avant elle – terminées les saccades. Je pressentais aussi le moment où elle allait s'arrêter. Ainsi, tous les muscles en alerte, je stoppais net en même temps qu'elle et ne ressentais plus la moindre secousse. Comme elle semblait déterminée à rester du côté droit, je trottinais sur la gauche et flairais les odeurs de ce côté-ci. Alors que je la reniflais, collé contre sa hanche, une chose merveilleuse se produisit. Sa main passa sur le bord de mon visage et elle me dit que j'étais une véritable star. Je voulais encore me faire cajoler et essayai de nouveau. Chaque fois que je m'approchais, je recevais une caresse. Voilà qui était mieux.

Soudain, une forte odeur de renard attira mon attention et, intrigué, je m'arrêtai brusquement et me campai fermement sur mes pattes. Miracle ! Elle s'arrêta aussi ! Je compris ainsi qu'elle pouvait me faire plaisir de temps à autre, mais qu'elle aimait décider par elle-même. Je n'étais certes pas habitué à ce manège, mais le choix était clair : faire ce que voulait Princesse et obtenir compliments et caresses, ou essayer de prendre la tête et recevoir des secousses désagréables tout au long de ma promenade. Eh bien, quel choix auriez-vous fait ? À vrai dire, à partir du moment où je laissai Princesse prendre le contrôle de nos promenades, je ne les en appréciai que plus. Elle prenait toutes les décisions et je pouvais me détendre et me concentrer sur les plaisirs de la truffe.

Parfois, Princesse apparaissait avec la laisse et emmenait un autre chien en promenade, souvent Maisie. Je détestais aussitôt le chanceux qui avait pris ma place et j'éprouvais une envie de mordre qui ne cessait de croître tant que durait la longue attente, pendant laquelle je ne pouvais que me figurer la joie de quelqu'un d'autre. Lorsque mon rival franchissait en sens inverse la porte de la cage, j'aurais presque pu lui enfoncer mes dents dans la chair et savourer ma vengeance, mais Princesse nous appelait chacun notre tour par notre prénom et nous gratifiait d'un mot ou d'une caresse. Aussitôt, vous saviez que tout était exactement à sa place dans le monde et que vous y aviez aussi la vôtre, si bien que vous n'aviez pas besoin de vous battre pour elle.

Quand venait mon tour, je n'avais pas le moindre regard pour les pauvres laissés pour compte ; c'était mon tour ! Je commençais à connaître le trajet habituel, le chemin de halage le long du canal, le terrain vague où Princesse perdait tout sens de l'orientation et zigzaguait chaque fois dans toutes les directions. J'avais tellement l'habitude de lire ses mouvements que je pouvais tourner avec elle et écouter en même temps ce qu'elle me racontait.

— Je crois que je devrais me présenter, dit-elle un jour, alors que nous reniflions la loutre près du canal. Élodie Jouve, un échec de dix-huit ans en pleine crise. Je sais que je ne réussirai jamais les examens pour devenir vétérinaire, je ne me vois pas travailler dans un refuge canin, laver des cages et servir la nourriture, sans avoir le temps de vous donner les promenades et le dressage dont vous avez vraiment besoin... bon chien, c'est bien... fit-elle en posant sa main contre ma joue, peau de soie tiède contre ma fourrure épaisse. Comme je suis une simple bénévole en ce moment, je peux vous sortir pour faire un tour comme ça, mais si c'était mon vrai métier, je n'en aurais pas le droit, j'aurais bien trop de tâches ennuyeuses à remplir. Et puis, mes parents ne cessent de me dire que je devrais grandir et dépasser cette phase, mon amour pour les chiens... tu apprends très vite, vraiment, c'est bien mon Izzie, bien joué... mais je suis douée pour ça, je le sais. Je pense qu'il vaut mieux rentrer maintenant, chacun dans sa cage. Bravo, Izzie !

Parfois, comme je l'ai dit, ce n'était pas Princesse qui nous donnait à manger. En fait, parfois nous n'étions presque pas nourris. Minepincée ne nous donnait qu'un dixième de ce que nous servait Princesse.

— Elle en ramène pour ses chiens à la maison, me dit Prince. Je l'ai entendu en parler à son homme quand il est arrivé en voiture pour la chercher. Ils ont fait le tour et sont venus ici pour qu'elle puisse lui montrer ses préférés.

— Qui sont ses préférés ?

— Pas nous. Sinon elle nous donnerait à manger.

— Et Grossedame le permet ?
— Elle le sait, ou bien elle l'ignore. Elle vole de l'argent.

Je n'avais jamais compris l'intérêt de l'argent, mais il est impossible de fréquenter les humains très longtemps sans comprendre que c'est important pour eux. J'avais coûté « très cher ». J'avais causé « des milliers d'euros de dégâts ». Mes factures de vétérinaire avaient coûté « une fortune ». Marc m'avait expliqué qu'il avait payé « le prix fort » à cause de son amour pour moi, mais il n'avait jamais précisé combien. Le personnel de la SPA estimait que je valais « beaucoup d'argent » et que je pouvais « leur rapporter quelque chose ». Je supposais qu'ils avaient perdu un de leurs chiens et pouvaient utiliser les profits que je leur faisais gagner pour le retrouver. Il y avait du bon dans chacun, un Soum de Gaia l'apprenait en buvant le lait de sa mère. Mais je savais que voler de l'argent n'était pas une attitude de chef.

— Si c'est elle le chef, alors ne se vole-t-elle pas à elle-même ? demandai-je.

— Ce n'est pas à elle que les gens donnent de l'argent, c'est à nous.

— Mais nous sommes incapables de nous en servir.

— J'ai essayé de manger de l'argent une fois, dit Jack, je ne comprends pas ce qu'ils trouvent à ces machins.

— Je vois ce que tu veux dire, renchérit un labrador. Les pièces sont encore pires que le papier. À s'y casser les dents.

— Ce n'est pas la question. Comme je le disais, Grossedame a deux carnets. Dans l'un, elle note tout l'argent que lui donnent les gens, mais elle en écrit un peu dans l'autre, pour pouvoir le garder pour elle.

— D'où vient l'argent ?

— Quand les gens meurent, ils aiment qu'on remue la

queue et qu'on se souvienne d'eux, alors ils nous donnent de l'argent à dépenser pour nous rendre heureux et nous faire remuer la queue.

— Comme de la nourriture.

— C'est ça.

— Tu connais leurs noms ?

— Aucune idée.

— Alors comment s'en souvenir ?

— Si on est poli, on le récite avant de manger. "Merci à tous les gens dont nous nous souvenons de nous donner la nourriture que nous mangeons." On le garde dans sa tête, bien sûr, on ne le dit pas à haute voix, sinon les humains nous retireraient notre gamelle pour cause de tapage. Et avec Minepincée, on ne prend même pas le temps de le formuler, car si on ne mange pas aussi vite que possible, même si on ne fait pas de bruit, elle emporte tout.

— Y a-t-il quelqu'un qui travaille ici et qui nous aime vraiment ? demandai-je.

Ils échangèrent des regards interrogateurs.

— Bonnet n'est pas si mauvais. Il est juste un peu émotif quand il a des problèmes personnels. Il n'a pas eu le temps de devenir comme les autres. Grossedame dit que ça vous démoralise au bout d'un moment et que ça ne sert à rien. Elle dit qu'elle était comme Princesse autrefois.

Nous tentâmes de visualiser cette impossibilité.

— Comme si Maisie avait pu aimer les enfants dans d'autres circonstances, avançai-je.

— Précisément, dit Maisie. Je n'ai jamais aimé les enfants et rien n'a changé, ce qui prouve que Grossedame n'aurait jamais pu être comme Princesse, jamais.

Moi non plus, je n'aimais pas cette idée, mais je ne pouvais m'empêcher d'y réfléchir.

— Et si Grossedame était comme Princesse autrefois, alors Princesse pourrait devenir comme Grossedame.

Ils me lancèrent tous un regard horrifié.

— Où vas-tu pêcher des idées pareilles, mon grand ? répliqua Jack. Tout le monde voit bien qu'elles sont de deux espèces différentes ; il suffit de regarder leurs yeux, et leurs postures, sans parler de leurs tailles.

Il chassa cette absurdité.

— Pour en revenir à ceux qui nous aiment… Minepincée dit qu'elle ne reçoit aucune gratitude. Elle dit qu'elle a trouvé des familles pour certains chiens et qu'ils se sont mal comportés et ont été ramenés directement ici. Et les maladies la dégoûtent.

— C'est un autre poste pour lequel il n'y a pas d'argent – les vétérinaires. Et encore moins pour prévenir les maladies. Tu peux oublier les petites visites de routine que tu faisais. S'ils te trouvent une famille qui paie, tu seras peut-être nettoyé, mais sinon, oublie. Tu as remarqué que ça gratte, n'est-ce pas ?

J'avais commencé à me gratter lorsque Jack s'était mis à parler de maladies, et à présent je sentais qu'on se frayait de petits passages dans ma fourrure. Ça me démangeait. Quand je me grattais, suffisamment fort pour laisser de petites taches rouges sur mes griffes, la démangeaison ne faisait que se déplacer ; elle ne s'en allait pas.

— Des puces, me dit Jack, et ce n'est que le début. Bientôt, tu regretteras que les puces ne soient pas ton unique problème.

CHAPITRE NEUF

En tant que chef de l'enclos des nouveaux venus, c'était Jack qui organisait les histoires du crépuscule. C'était à nos codétenus de commencer. Nous entendions sans cesse les mêmes histoires, mais personne ne semblait s'en soucier. Cela ne faisait que donner du poids aux échos qui résonnaient.

— Nous étions heureuses avec nos familles, aboya Melba.

— Il y avait des paillettes, des papiers et des rubans, ajouta Clémentine.

— Des câlins, des promenades et un lit moelleux pour nous dans un coin chaud.

— Une famille avec de grands enfants, qui nous sortaient en promenade et nous parlaient.

— Au début.

— Ensuite, nous reçûmes moins de câlins, moins de promenades, nous étions mises à l'écart.

— Notre eau n'était pas changée tous les jours, on nous

la laissait parfois pendant plusieurs jours, et on oubliait même de nous nourrir.

— Nous avons été oubliées, hurla Clémentine.

— Elles ont été oubliées, répondirent les échos.

— Nous n'avions plus de maître.

— Il ne restait que des recoins sombres, nous ne pouvions plus compter que sur nous-mêmes.

— Nous avions grandi. Nous n'étions plus mignonnes. C'est ce qu'ils ont dit.

— Ils nous ont emmenées en voiture. Nous pensions qu'ils nous aimaient encore. La voiture était pleine de valises, de sacs et de chapeaux. Nous pensions partir en promenade avec toute notre famille.

— Ils nous ont attachées à un poteau indicateur où des voitures étaient garées, au départ d'une grande route où une file de véhicules passait en vrombissant.

— Ils nous ont laissées là. Nous pensions qu'ils reviendraient.

— Mais l'attente était interminable.

— Nous avions soif et quand le soleil s'est déplacé dans le ciel, il nous a frappées de sa chaleur et nous nous sommes senties tout étourdies. Nous étions malades.

— Puis une femme est sortie d'une voiture. Elle a dit : "Pauvres petites créatures. Je regrette de ne pas pouvoir vous garder." Elle nous a donné de l'eau dans un gobelet en plastique et nous a fait monter dans sa voiture. Elle nous a amenées ici. Elle a dit : "Ils prendront soin de vous." Nous avons de la nourriture. Nous avons de l'eau.

— Nous voulons une famille, hurla Melba.

— Nous voulons rester ensemble.

— Elles veulent une famille. Elles veulent rester ensemble, hurlâmes-nous à la lune indifférente.

Les sœurs étaient allongées côte à côte et se léchaient le museau en attendant que le lévrier, Éclair, raconte son histoire.

— J'étais une championne, aboya-t-elle. Je poursuivais le lapin pour mon maître, autour de la piste où les hommes criaient mon nom et hurlaient des nombres. Mon maître disait que j'étais une mine d'or.

— C'était une mine d'or, chantâmes-nous.

— Puis je suis devenue plus lente. Mon maître m'a traitée de vieille, de chienne inutile. Il a pris le gros couteau, celui qu'il utilisait pour se découper un morceau de pain à midi, et il a posé ma tête sur la table de la cuisine. Je croyais qu'il allait me donner des comprimés ou une nourriture spéciale pour m'aider à aller plus vite. Il me tenait toujours la tête ainsi quand il m'administrait des comprimés. Il m'a coupé l'oreille, l'oreille sur laquelle figurait le tatouage. Il a jeté mon oreille à la poubelle avec les épluchures de pommes de terre. Il a juré en voyant tout ce sang sur la table et il m'a donné un coup de pied. Puis il m'a conduite dans les bois et m'a abandonnée. J'ai essayé de rentrer chez mon maître, de lui dire que je ne lui serais plus désagréable, que j'essaierais de courir plus vite.

— Elle a essayé de rentrer chez son maître, hurlâmes-nous.

— Mais je n'ai pas retrouvé le chemin. Je gardais la tête penchée car mon oreille me brûlait. Une odeur de fer coulait de mon oreille sur les feuilles mortes. J'ai fait le tour des bois. J'avais faim. Je mâchonnais des arbres. Je mangeais de l'herbe. Je buvais dans les cours d'eau et les flaques. Mais je n'ai pas pu retrouver le chemin de la maison. J'ai survécu, mais je me sentais faible. J'ai oublié comment se comporte un chien. J'imitais les oiseaux et les écureuils, mais mon maître me manquait. J'avais trop faim pour dormir, mon ventre grognait, brûlait en permanence, comme si la douleur de mon oreille s'était propagée à mon estomac. Puis un homme est arrivé. J'ai cru que c'était mon maître et j'ai remué la queue. Il m'a caressée et m'a dit : "Quel monstre t'a fait ça ?" Il était furieux et j'urinai sans pouvoir me retenir, mais il se fit plus doux et je remuai la queue en espérant qu'il ne se fâche plus. "Tu dois être là depuis des mois, ma grande. Tu as abîmé tes dents à force de manger de l'écorce." Il a pris soin de moi jusqu'à ce que j'aille mieux, mais il a dit qu'il ne pouvait pas être mon maître. Il m'a amenée ici. Il me trouvera une famille.

— Il trouvera une famille, insistâmes-nous en chœur.

Éclair se joignit à nous dans un dernier hurlement. Assise, elle rejeta la tête en arrière et la pointe émoussée de son oreille gauche se détacha dans la clarté lunaire.

Puis Prince se leva.

— Depuis mon plus jeune âge jusqu'à ce que je devienne un chien, j'ai grandi avec les deux bébés de ma famille. Je les ai fait sourire en léchant leurs pieds quand ils étaient petits. Mon maître et ma maîtresse les empêchèrent de me tirer les oreilles ou de me mettre les doigts dans les yeux lorsqu'ils furent assez grands pour tester les objets. Mes maîtres m'aimaient, prenaient soin de moi, m'emmenaient en promenade avec les enfants. Nous étions une grande famille. D'abord Linda, puis la petite Alice ont commencé l'école et chaque jour ma maîtresse et moi nous allions les chercher. J'aimais le bruit des enfants dans la cour de récréation. Et le bruit de mon maître qui rentrait du travail. Et la journée en compagnie de ma maîtresse. Elle chantait en nettoyant la maison et en cuisinant. Elle m'emmenait dans les magasins avec elle ou chez des amis. Je peux me réchauffer tout l'hiver avec les souvenirs de ma famille. J'ai de la chance.

— Il a de la chance, hurlâmes-nous.

— Ils sont morts. Ils sont partis dans la voiture et ils ne m'ont pas emmené. Ils ont dit : "Au revoir, Prince, à bientôt." Et ils ne sont pas rentrés. Il y a eu un accident. C'est ce que la police a dit quand ils sont venus à la maison, où j'attendais le retour de ma famille. L'un d'eux a dit : "Il est un peu vieux." L'autre a répondu : "Non, il n'est pas vieux du tout, et il est gentil. Donne-lui une chance. Il fera un bon chien de famille." Et ils m'ont amené ici. J'aimerai toujours ma famille.

— Il aimera toujours sa famille, reprîmes-nous à l'unisson.

— Je peux aussi aimer une autre famille. Mon cœur est assez grand.

— Il peut aussi aimer une autre famille.

— Ma nouvelle famille viendra.

— Sa nouvelle famille viendra.

Alors que Prince s'allongeait, Maisie se leva et j'aurais juré qu'elle lui avait donné un coup de langue en passant près de lui – mais les nuages glissaient devant la lune, c'était peut-être un jeu de lumière. Ses plis profonds n'exprimaient aucune douceur lorsqu'elle prit la parole.

— Ma famille comptait trois personnes ; mon maître, ma maîtresse et moi. Ils m'emmenaient souvent avec eux. Je regardais le monde et je le trouvais bon. Je donnais mon approbation à ceux qui m'étaient inférieurs. Ils m'asseyaient sur leurs genoux dans les cafés, et même dans le train une fois. La vie était agréable. À l'exception d'un problème majeur.

— La vie était agréable, partageâmes-nous alors que les nuages assombrissaient la lune.

— Tous les matins, ma maîtresse partait travailler et elle me laissait dans le jardin. Je regardais à travers la grille et je découvrais le monde, je partageais mon point de vue avec les promeneurs. Les mêmes personnes passaient tous les jours à la hâte devant mon portail, puis le calme venait et je m'allongeais dans le jardin en regardant les papillons et les abeilles. J'étais heureuse.

— Elle était heureuse, reprit le chœur.

— Il y avait trois grands enfants qui passaient devant moi, tôt chaque matin, avec de gros sacs sur le dos. D'abord, nous nous aboyâmes et ils agitèrent les bras. Ils crièrent et se moquèrent de moi, et j'aboyai plus fort. Puis l'un d'eux apporta des pierres et les jeta à travers le portail. Je fus touchée, c'était douloureux. Le lendemain, un autre escalada la grille et me jeta des pierres encore plus grosses. Le portail était trop haut pour que je puisse atteindre l'enfant et mordre ses jambes qui pendaient sur mon territoire, mais j'essayai tout de même, en sautant et en aboyant des menaces. Cela ne fit qu'entraîner plus de cris et de pierres. Le jardin était petit et je n'avais nulle part où m'enfuir. Chaque jour, je recevais d'autres projectiles tandis qu'ils s'amélioraient au tir. J'adorais le dimanche.

— Elle adorait le dimanche.

— J'adorais le dimanche car mon maître et ma maîtresse n'allaient pas travailler. Mais aussi parce que les enfants ne passaient pas.

« Ma maîtresse devint très grosse et son odeur changea sur une longue durée. Elle m'expliqua qu'elle allait avoir un bébé. La maison changea. Elle partit et revint avec un tout-petit. Il m'effrayait avec ses cris et ses odeurs de lait et de vomis. Le maître et la maîtresse me confirmèrent qu'il était terrifiant. Ils disaient : "Du calme, Maisie, il n'y a pas de quoi avoir peur", exactement ce qu'ils me disaient lors des orages, ou quand une grosse boule rouge se gonflait en sifflant et s'élevait dans le ciel en emportant des personnes dans un panier. Je compris ainsi que le bébé était une menace.

« On nous rendait souvent visite. Pour voir le bébé. Certains d'entre eux se souvenaient de moi et me caressaient aussi. J'appréciais cette attention. L'un d'eux s'avéra être l'un des enfants qui me lançaient des pierres. Je vis ses jambes qui pendaient au bord du sofa, se balançant d'avant en arrière. Il me tira la langue lorsque personne ne regardait. Cette fois, il n'était pas hors de ma portée, tout en haut d'un portail. J'enfonçai mes crocs dans sa jambe et il hurla. Je lui fis la prise du bouledogue et je gardai de petits morceaux de jambe entre mes dents quand ils réussirent enfin à me détacher. "Elle est dangereuse pour le bébé", décréta mon maître.

« Ma maîtresse pleura. Mon maître pleura. Ils m'amenèrent ici. Je ne regrette pas de mordre les enfants. Ils le méritent. »

— Elle ne regrette pas de mordre les enfants. Ils le méritent, hurlâmes-nous.

Maisie resta là, à défier le ciel nocturne bien après que Jack eut pris sa place. Le silence attentif s'accentua. Les autres chiens savaient ce qu'ils allaient entendre et je sentais qu'ils se préparaient mentalement.

— Imaginez, tonna Jack. Imaginez un humain sans amour. Un humain qui n'a jamais reçu d'amour et ne sait qu'infliger de la souffrance aux autres. Un homme qui ne prend plaisir qu'à faire souffrir. Cet homme était mon maître quand j'étais un chiot.

Il n'y eut aucun écho.

— Fermez les yeux, mes frères et sœurs, connaissez votre propre corps, la connexion entre les griffes, les pattes et les coussinets, les articulations de la jambe, les côtes, la peau, le muscle... remuez la queue, sentez comme elle se balance, comme c'est agréable.

Sa voix nous hypnotisait. Je pouvais sentir chaque parcelle de mon corps au fur et à mesure qu'il les décrivait, individuellement et en tant que partie de l'entité vivante que j'étais.

— Chaque partie de votre corps, que vous percevez, est capable de sentir... de sentir la douleur !

Sa voix brusque me fit ouvrir les yeux comme si j'avais reçu un coup de fouet.

— J'étais un jeune chiot de douze semaines quand j'ai commencé à être torturé, hurla Jack, par des mains humaines, des pieds humains et n'importe quel objet qu'un humain désaxé peut envisager d'utiliser. Quelqu'un s'en est douté. Quelqu'un a appelé l'agence de protection des animaux. Ils sont venus me chercher. Ils m'ont dit que j'avais de la chance, que je n'avais aucune blessure physique impossible à soigner, que je n'aurais que quelques cicatrices.

Aucune voix ne hurla qu'il avait de la chance.

— On m'a dit que mon maître risquait même la prison. On m'a emmené ici. Les humains ne sont pas dignes de confiance.

— Les humains ne sont pas dignes de confiance, nous gémîmes tout bas.

— Je ne laisserai personne me choisir. Je ne ferai plus

jamais confiance à un humain. J'accepterai la caresse de Princesse et sa douceur, mais ma confiance envers les humains est bel et bien morte.

— La confiance est morte, nous geignîmes.

— Je suis avec ma famille ici. Vous êtes ma famille et je ne vous quitterai jamais. Je parlerai au nom des nouveaux venus, je parlerai au nom des anciens, je lutterai contre la corruption pour le partage de la nourriture et l'éradication des maladies. J'aiderai même ceux qui cherchent des familles et je ne mordrai pas vos Adoptants, mais personne, personne n'aura le droit de me choisir. Je conduirai l'heure du conte jusqu'à ce que mon histoire s'achève. Vous êtes ma famille et je resterai ici.

— Nous sommes ta famille, aboyèrent une centaine de voix à pleins poumons, fendant la nuit.

Une porte claqua dans le lointain et nous entendîmes une voix humaine étouffée :

— Je ne sais pas ce qu'ils ont ce soir. Écoutez-moi ce raffut.

— Nous sommes sa famille, répondîmes-nous à l'humain. Nous sommes sa famille.

— Et Marc viendra, gémis-je dans un souffle.

Le sommeil me saisit, troublé par des formes menaçantes qui échappaient à mes mâchoires avant de revenir me hanter.

CHAPITRE DIX

L'hygiène de base laissait à désirer. Nous vivions à sept dans le petit enclos bétonné qui nous servait de lieu de vie et de dortoir, flanqué de quatre murs, dont le quatrième était percé par une porte grillagée. Un espace au sol, contre le mur opposé à la porte, était couvert de planches. Il était suffisamment vaste pour que quatre des cinq occupants puissent s'y entasser si nous étions d'humeur amicale. Comme j'étais imperméable et que je ne supportais pas l'excès de chaleur, je choisissais l'option du ciment et laissais les autres s'arranger entre eux. Vous n'avez pas idée comme un lévrier peut être sensible et aimer la chaleur. Même par les nuits d'été torrides que nous connaissons, ici dans le Sud, Éclair frissonnait la nuit si elle n'était pas contre le pelage de ses compagnons – ou l'une de ces couvertures que deux assistants nous déposaient de temps à autre. Bien sûr, les couvertures gardaient les puces bien au chaud, logées et nourries, mais Jack avait raison – je m'étais habitué à ces petits rampants qui se servaient de mon corps comme d'une pile d'édredons, dîner inclus.

D'après mes estimations, l'intérieur ne mesurait que quatre fois sur trois fois ma longueur, si je m'allongeais et m'étirais, sans compter le revêtement en bois. Vous imaginez bien qu'à sept, aucun de nous n'étant de petite taille, nous devions accepter de voir notre espace personnel envahi. Inévitablement, les humeurs s'échauffaient parfois et Éclair était la compagne la moins dangereuse sur laquelle passer ses nerfs, ce dont nous ne nous privions pas. Heureusement, elle était prompte à se soumettre et aucun de nous n'avait cette mauvaise tendance qui peut conduire un chien à poursuivre son châtiment même si le vaincu a témoigné l'humilité qu'il lui devait.

La meilleure manière de gérer au mieux ce petit espace était de franchir l'ouverture dans le mur du fond, qui donnait sur le « terrain de sport » quand les autres dormaient à l'intérieur, ou inversement. « Terrain de sport » ! Quelle blague. Il mesurait la même taille que le dortoir. La seule différence, c'était qu'il n'y avait aucun plancher et un seul mur. Le reste de la clôture était un grillage à travers lequel nous pouvions voir l'avant du bâtiment, où les humains en visite passaient parfois et agitaient leurs doigts à travers les mailles, comme de petites saucisses pâles. La plupart du temps, les humains restaient de l'autre côté, s'attardant près de la porte où nous nous bousculions pour obtenir un regard, histoire de nous divertir et d'avoir quelque chose à raconter. J'étais assez grand pour voir à travers le grillage au-dessus du mur, près de la porte, si je me dressais sur mes pattes arrière, mais il n'y avait aucune prise sur la paroi et je ne tenais pas bien longtemps. Ma vue était gênée par des carrés de papier blanc, sept au total, que les visiteurs regardaient en disant : « oh, le pauvre », et « quel dommage qu'il soit si vieux » ou encore « je préférerais avoir un chiot ».

Et si vous n'étiez pas sur les planches, à l'intérieur comme à l'extérieur, le sol en ciment était constamment mouillé. Nos humains l'arrosaient quotidiennement après avoir jeté dans un seau nos déchets, quand ils n'avaient pas déjà été recyclés par des codétenus moins regardants. Je ne prétends pas que je ne me joignais jamais au festin. J'avais si souvent faim. Même quand c'était Princesse qui nous nourrissait et que nous avions assez à manger, j'éprouvais toujours une sensation de manque. La nourriture ne nous comblait pas comme elle l'aurait dû. Ainsi, si l'on pouvait trouver des suppléments en protéines, même si c'était marron et récemment lâché par un ami, « il ne faut pas gâcher » était notre devise.

— Je me demande pourquoi on s'embête à les nourrir ! disait Grossedame. Ça nous ferait économiser si nous versions le contenu de ce seau directement dans leurs gamelles.

— Elle n'oserait pas ! se récriait Jack. N'est-ce pas ?

En effet, même Grossedame ne pouvait se résoudre à de telles extrémités pour faire des économies. L'un d'eux arrosait notre enclos au tuyau, tous les jours sans faute. Le sol n'avait jamais le temps de sécher, à cause du plafond qui le maintenait constamment à l'ombre – même l'extérieur était dans la pénombre des bâtiments qui l'entouraient. Or comme le disait Jack, « mieux vaut une pneumonie qu'un coup de chaleur ». Ceux qui dormaient sur le plancher séchaient, surtout Éclair et les autres, avec leurs pelages lisses, mais mon ventre et mes flancs étaient constamment mouillés, marron et poisseux. Comme je n'étais pas encore assez confiant pour dormir étendu sur le dos, je m'allongeais toujours, le ventre sur le béton – et il n'y avait pas grand-chose à faire une fois que vous aviez parcouru nos deux enclos, dix pas de chaque côté. Quand je me couchais, j'avais de plus en plus de mal à me sentir à l'aise, avec les démangeaisons qui ne cessaient d'empirer depuis que les poils mouillés se collaient les uns aux autres en séchant.

Je me forçais à effectuer des « tours » réguliers, aussi lentement que possible. À chaque pas, ma tête était remplie de souvenirs : le jardin de Marc, les courses le long de la haie pour aboyer après les cyclistes, ou encore la patrouille du soir aux frontières pour garder les loups à distance. Pour faire durer ma « promenade » plus longtemps, j'évoquais un nouveau souvenir du jardin à chaque chaînon du grillage.

— Eh, mon grand, tu commences à tourner en rond et je ne te le conseille pas, m'avertit Jack. Si tu fais chaque jour et sans relâche le même tour de cage, avant que tu t'en rendes compte, tu mettras ta patte devant ton museau exactement deux pas après avoir dépassé la porte dans le sens contraire des aiguilles d'une montre, chaque fois que tu effectueras le même trajet. C'est comme ça que commence la folie, mon ami. Je l'ai déjà vu.

Ainsi, je dus varier mes exercices. J'exécutais quatre pas avant de faire demi-tour pour poursuivre en sens inverse. Mais il était difficile de ne pas tomber dans cette nouvelle routine. Je finis par la laisser prendre le dessus, mon corps répétant inlassablement les mêmes pas... et mon cœur hurlait à la mort, soupirant après un flanc de montagne couvert de neige où je pourrais sauter et libérer mon âme trop à l'étroit. Je cessai de me remémorer mon jardin, je cessai d'imaginer les montagnes. Je ne parvenais plus à affronter l'idée qu'il existe autre chose que cette cage. Je remballai donc mes espoirs et mes souvenirs et les enfouis avec mon amour pour Marc, là où je pourrais les retrouver quand le moment viendrait.

Les heures de visite nous offraient un divertissement appréciable. Les humains passaient, nous montrant du doigt alors que nous nous pressions derrière la porte pour regarder. Une fois, nous entendîmes la vague d'excitation remonter le long des enclos précédant le nôtre sur le chemin des visiteurs, et une femme souriante arriva enfin. Elle nous tendit des sandwichs au jambon.

— Ce sont des restes, je me suis dit que vous les aimeriez, nous dit-elle en découpant de petits morceaux, s'assurant que chacun de nous en reçoive une part.

Mais les seuls moments où je cessais de m'inquiéter pour ma santé mentale, c'était quand Princesse me sortait promener. Ma truffe s'éveillait alors, je sentais le printemps dans mes jambes et mes réflexions allaient bon train. Je n'étais pas le seul, d'ailleurs.

— J'ai bien réfléchi, m'expliqua Élodie. Je peux obtenir de l'argent pour mon projet professionnel, peut-être travailler comme assistante vétérinaire et trouver quelqu'un à suivre, apprendre à devenir éducatrice canine. C'est ce dont j'ai vraiment envie. Il y a des cours ici le jeudi, alors je vais y aller et commencer par là. Tu es magnifique, tu sais ? Tu as été parfait, Izzie.

J'étais stupéfait par la justesse de son jugement sur chaque chose. Si elle voulait devenir reine de France, je n'y voyais aucune objection, alors assistante vétérinaire ? Dresseuse de chiens ? Aucun problème. Je haletai joyeusement pour marquer mon approbation.

Plus importantes étaient mes promenades avec Élodie,

plus il devenait difficile de franchir cette porte grillagée qui me ramenait dans l'enclos. Ce jour-là, pour une raison qui m'échappe – peut-être un faucon poussa-t-il un cri strident au-dessus de ma tête ou une goutte de pluie tomba sur mon front –, toujours est-il que je levai les yeux tandis qu'Élodie ouvrait la porte. J'aperçus une photo de moi avec un texte accolé. Un visiteur s'arrêta et le lut à haute voix : « Sirius, chien de montagne des Pyrénées. Je n'ai que dix-sept mois. Ours en peluche câlin avec un excellent pedigree, je cherche une famille aimante. » Se voir proposé à l'Adoption et entendre les mots que les humains emploient à votre sujet est toujours un choc, surtout quand ces mots sont placés dans votre bouche. Je songeai à la Sélection de mon enfance et à ce qui avait changé depuis cette époque.

Les mots sur le papier avaient ce même ton faussé. Mon image était toujours « mignonne » et c'était toujours bon pour les affaires étant donné que j'étais un Soum de Gaia, même si les humains du refuge ne connaissaient pas suffisamment notre lignée aristocratique et nos vainqueurs de trophées pour s'exprimer comme notre éleveuse. Mais ce n'était qu'un détail. Il y avait autre chose, mais je ne parvenais pas à mettre la patte dessus. Qu'y avait-il de si différent cette fois ? Bien sûr, je ne voulais pas être adopté, car je n'étais là que temporairement, en attendant le retour de Marc, mais je commençais à me faire du mauvais sang à ce sujet, surtout lorsque j'entendais les commentaires des visiteurs l'après-midi. Quand ils me regardaient, ils ne disaient rien de très original et je m'attendais à ce que fusent » mignon », « ours en peluche », « énorme » ! Qu'est-ce qui clochait chez moi ? Pourquoi les gens passaient-ils hâtivement devant ma cage ? « Il y a quelque chose dans ses yeux », entendis-je un jour l'un d'eux commenter.

Cette phrase me fit réfléchir.

— Jack, demandai-je, est-ce que tu vois quelque chose dans mes yeux ?

— Pourquoi ? Ils te grattent ? Ils te font mal ?

— Non.

— Eh bien, alors il n'y a rien.

— Pourtant, un humain l'a dit.

— Ah. Bah, les humains voient constamment des choses, n'est-ce pas ? Sans doute est-ce en rapport avec les couleurs.

— Mais ça ne peut pas être quelque chose *dans* mes yeux.

— Si, ça pourrait. Il peut y avoir... du marron, par exemple, dans tes yeux. Et tu sais qu'ils ont tous ces mots pour décrire les couleurs. Je te le dis, ils voient des différences.

Je n'étais pas convaincu, mais faute d'une meilleure réponse, j'allais devoir m'en contenter. Je décidai de lire les affiches sur notre enclos, ainsi que sur tous les autres. Chaque fois que je sortais avec Élodie, je parvenais à ajouter une description à mon escarcelle.

Les humains semblaient aimer lire les malheurs qui arrivaient aux chiens, et les chiens victimes de maltraitance avaient ainsi de plus longues histoires. J'échangeais avec certains d'entre eux, dans les autres cages, un petit mot rapide en passant. Je découvris que pire était l'histoire, plus le chien avait de chances d'entendre des « ah, la pauvre créature » et plus il avait de probabilités d'être adopté, à moins bien sûr qu'il ne soit vieux. Or la vieillesse arrivait de plus en plus tôt chaque année, d'après ceux qui vivaient ici depuis longtemps.

— Sans doute est-on vieux vers cinq ans aujourd'hui.

— Pourquoi les humains préfèrent-ils choisir des chiens

avec des histoires très tristes ? Au lieu de chiens heureux et en bonne santé ? demandai-je à Jack.

— D'après ce que je comprends, ça donne aux humains un sentiment de bien-être.

Cela n'avait absolument aucun sens et mon expression en témoignait. Jack persévéra :

— Imagine que tu doives choisir entre un maître qui saigne et qui sent la mort, et un maître fort et en bonne santé. Lequel choisirais-tu ?

C'était évident.

— Le maître fort et en bonne santé.

— Exact. Eh bien, les humains ont un gros défaut dans leurs gènes. Ils appellent ça la pitié. Et quand ils éprouvent de la pitié, leurs cerveaux se ramollissent comme quand tu sens une femelle en chaleur et que tu ne peux plus penser clairement, sauf que pour eux c'est l'inverse et ils pensent que la pitié est bonne. Donc ils croient que c'est être une bonne personne que de choisir celui qui saigne et qui sent la mort, même si ça veut dire condamner l'autre à un terrible sort.

— Mais c'est ridicule.

— Ils ont l'impression d'être de très bons humains s'ils pensent être d'un grand secours.

— Et les humains qui choisiraient un chiot heureux et en bonne santé qui vit avec sa mère, peut-être un Soum de Gaia par exemple, et qui lui promettraient de l'aimer pour toujours et lui donneraient un bon foyer ? Sont-ils des bons humains ? Si c'était le cas, personne n'atterrirait ici...

Jack dut y réfléchir un instant.

— Pas du point de vue des humains, décida-t-il. Ils sont loin d'être aussi bons que ceux qui viennent choisir un chien ici. Et les très bons humains sont ceux qui choisissent un chien avec une histoire très triste.

— Alors pourquoi les humains d'ici n'inventent-ils pas des histoires très tristes pour chacun de nous ? Et qu'en est-il des humains qui ramènent le chien qu'ils ont choisi et font un nouveau choix ? Sont-ils bons ou mauvais ?

— Tu poses trop de questions, Sirius. Je n'en sais rien. Tu t'attends toujours à ce que les humains soient logiques alors que ce n'est pas le cas. Trouve tout seul tes réponses.

Nous avions tous les deux remarqué Clémentine dans un coin, qui recyclait des excréments à peine secs. Sans crier gare, Jack se précipita brusquement vers elle en aboyant comme un humain.

— Non, Clémentine !

Stupéfaite, elle laissa tomber une collation à demi mangée.

— Regarde ça ! lui aboya Jack.

Nous nous tournâmes tous vers eux et découvrîmes de petits vers blancs qui se tortillaient.

— Tu as des vers, ma fille. Et ce n'est pas en les avalant à nouveau que tu iras mieux.

Clémentine n'avait pas besoin qu'on le lui dise deux fois et bientôt notre humaine se plaignit que le seau d'excréments était rempli à ras bord. Elle ne sembla pourtant pas remarquer les vers.

Marc écrasait des comprimés, en grand nombre quand j'étais petit, puis uniquement en été et en hiver, et les mettait dans du fromage frais avant de me les servir.

— Un petit régal pour toi, mon grand, disait-il. Voilà ton vermifuge.

Et c'était en effet un régal, souple et soyeux dans votre

bouche, cette odeur de ferme qui me rappelait mon enfance et la nouveauté de mes premières dégustations.

— Tu as des taches blanches sur le nez, disait-il en riant avant de m'essuyer la truffe avec un bout de torchon (si Christine était dans les parages) ou avec la main, qu'il essuyait sur son pantalon (si Christine n'était pas là).

Pourtant, j'ignorais ce qu'étaient les vers et ce qu'ils causaient. Je posai donc la question à Jack.

— Les joies de la vie en communauté, mon grand. Ils se transmettent de chien en chien, par les déjections et les léchouilles. Puis ils vivent dans tes boyaux, mangent ta nourriture, t'amaigrissent ou te font paraître faussement gros, affamé ou encore malade et fatigué. Ils t'épuisent, sapent ta force, te rendent malade à longueur de temps, mais ils ne te tuent pas.

Il poussa un aboiement bref et cynique.

— Ce ne serait pas bon pour les parasites, s'ils te tuaient. Une torture de l'intérieur, j'appelle ça.

— Ça veut dire que nous en avons tous ? demandai-je d'une voix calme.

J'étais tranquille, car j'avais reçu un comprimé peu de temps avant d'arriver ici.

— Peut-être. Sans doute.

— Nous donneront-ils des cachets ?

— Probablement. En général ils attendent une période spécifique pour nous donner des comprimés, mais ce n'est jamais assez fréquent, avec les nouveaux chiens qui arrivent et les nouvelles infections qui reprennent. Et puis, les comprimés te débarrassent des vers que tu as déjà, mais ils ne t'empêchent pas d'en attraper d'autres ! Un cachet aujourd'hui et des vers demain – voilà la chanson, par ici.

Ma queue n'avait jamais été aussi basse et je m'en allai

furtivement pour m'allonger aussi loin des autres chiens qu'il m'était physiquement possible de le faire. Attendre Marc était difficile.

Je ne cessais de me demander ce qui n'allait pas avec ma feuille de papier sur la clôture. Bien sûr, je ne voulais tout de même pas qu'elle annonce maltraitance et torture, n'est-ce pas ? Il me fallut attendre qu'Élodie change mon affiche pour enfin comprendre.

— Voilà, dit-elle. J'en ai écrit une bien meilleure pour toi, mon grand.

C'était la première fois que je sortais me promener avec elle et que j'avais hâte de rentrer dans la cage pour pouvoir jeter un œil au nouveau papier.

Elle s'arrêta devant la porte du grillage et me le lut à haute voix, fière d'elle. Sous la photo, le texte annonçait : « Sirius, chien de montagne des Pyrénées, excellent pedigree. »

— Je vais retracer le nom de ton pedigree, Sirius, et trouver ton éleveur.

Il y avait une pointe d'amertume dans sa voix que je n'avais encore jamais entendue.

— Ceux qui travaillent ici disent que ça ne sert à rien, car même s'ils les contactaient, les éleveurs n'aideraient jamais. Je ne vois pas comment ils peuvent le savoir s'ils n'essaient pas. Et ils sont toujours trop occupés pour faire quoi que ce soit. Oh, je ne devrais pas être méchante, c'est vrai qu'ils sont submergés de travail. C'est juste que... j'ai l'impression qu'ils s'en fichent.

Non, je n'étais pas fâché que le nom de mon pedigree ne figure pas sur la fiche. Pourtant, je me demandais si mon humaine Soum de Gaia pouvait retrouver la trace de Marc. Je poursuivis ma lecture.

— Si vous regardez dans mes yeux, vous y verrez la tristesse que les gens ont causée, les gens que j'aimais et qui m'ont abandonné ici. J'aurai besoin de temps pour aimer une nouvelle famille et lui faire à nouveau confiance.

C'était donc ça que l'on pouvait déceler dans mes yeux ?

— Je suis très bien dressé, ne tire pas la laisse, connais tous les ordres de base et ferai un compagnon adorable pour une famille patiente et disposant d'assez d'espace pour un grand chien.

Rien ne mentionnait que je mordais les enfants, mais rien ne précisait le contraire.

Peut-être Élodie n'était-elle pas au courant. Toutefois, Princesse avait posé la patte pile sur ce qui me manquait, la différence entre cet ours en peluche tout doux et le bébé que j'étais lors de la dernière Sélection. Cette fois, j'avais une histoire. Cette fois, j'étais lourd de toutes mes expériences, bonnes et mauvaises, et quiconque vivait avec moi devrait aussi vivre avec mon passé. Ce qui ne posait aucun problème, car Marc allait venir.

CHAPITRE ONZE

— Parfois, j'ai l'impression que tu es le seul à me comprendre, me dit Élodie alors que nous flânions sur les berges herbeuses du canal.

Je humais des odeurs de lapins, de rats musqués et la transpiration des coureurs qui s'attardait dans l'air.

— Le seul à qui je puisse parler. Mes parents insistent pour que je trouve un vrai travail et que j'arrête de traîner avec les animaux. Ils croient que je vais grandir, que ce n'est qu'une passade, mais pourquoi ? Vétérinaire ou gamine qui aime les animaux, c'est soit l'un soit l'autre. En tout cas, d'après eux. Maintenant, mon seul projet part en miettes. Et Xavier sait à peine que j'existe. Il est gentil avec moi, mais ce n'est pas ce que je veux. Comment faire pour que quelqu'un vous aime, Izzie ?

Elle lança un coup de pied dans une motte d'herbe et je lui donnai un petit coup de museau sur le côté. Elle s'arrêta et passa ses bras autour de moi, enfouissant son visage dans ma fourrure. Ses mots sortirent étouffés.

— Si seulement tu le savais, mon petit bonhomme, hein ? Eh bien moi, je t'aime, tu sais.

Elle se leva et se mit à rire, avant de cracher un poil qui s'était glissé dans sa bouche.

— Regarde-nous, tous les deux. Si seulement j'étais plus âgée, avec de l'argent, un endroit à moi, je te prendrais sans hésiter, Izzie.

Elle s'arrêta de nouveau, sans que je ressente la moindre secousse sur la laisse. À présent, j'avais l'habitude de lire sa gestuelle et de suivre ses mouvements. Elle me regarda franchement et je lui renvoyai son regard, réprimant l'instinct qui me commandait de détourner les yeux ; je n'étais pas encore très à l'aise avec ça, mais elle persévérait. J'avais l'impression qu'établir un contact visuel avec une personne que l'on ne souhaitait pas défier était le comble de l'impolitesse, mais elle ne cessait de me répéter que j'étais un bon chien – de toute évidence, ça ne la dérangeait pas.

— Izzie, je vais te faire une promesse.

Ses traits étaient tendus et j'eus un aperçu du visage qu'elle aurait dans dix ans.

— Si je me débrouille, si je trouve un endroit pour toi, je reviendrai te chercher.

Elle rejeta ses cheveux en arrière et éclata d'un petit rire délicat.

— Qu'est-ce que je raconte ? Ma mère a raison. Je ne suis même pas capable de m'occuper de moi-même, alors un grand gaillard comme toi, tu parles. Oh, Izzie, tout va mal. Mais je ne peux pas retourner à ces cours d'éducation canine, il est impossible que j'apprenne quoi que ce soit avec des brutes pareilles. Tout a bien commencé, pourtant. Il y avait un dresseur qui assurait le cours et un autre qui nous aidait à bien assimiler, un assistant, sans doute. Et je me disais : "C'est ce que je veux faire, commencer en tant qu'assistant tout en me formant." Je réfléchissais à ce que je dirais aux gens pour les aider à bien diriger, comme je l'ai fait avec toi, ma superstar.

« Je regardais les différents chiens qu'il y avait là-bas – ils étaient tous très grands, à l'exception d'un teckel et ce fut la première chose qui me déplut. Bon, tu sais très bien que je me moque des petits chiens que nous croisons et que je les appelle petits déjeuners sur pattes ou paire de gants, mais ce n'est pas du tout pareil de les humilier en public et de persécuter toujours le même petit chien. Le dresseur disait des choses comme : "Toi, le couvre-théière à fourrure" ou "le paillasson", "ce n'est pas un entraînement qu'il lui faut, mais des semelles compensées", "si on l'énerve, est-ce qu'il fait éclater son petit costume pour se transformer en rottweiler vert ?" Il se croyait sans doute drôle, mais c'était absolument ridicule.

« La maîtresse du teckel le prenait très bien et souriait comme si elle s'amusait, mais on voyait bien qu'elle était mal à l'aise. Certains participants étaient gênés, mais personne n'avait le cran d'ouvrir la bouche. Moi compris. J'aurais aimé dire quelque chose. Comment se fait-il que ces répliques particulièrement pertinentes ne vous viennent toujours qu'après-coup ? Le dresseur était une armoire à glace. Pour un macho comme lui, les grands costauds devaient avoir de grands chiens, et les mauviettes et les femmes de petits chiens. Pourtant, ce teckel regardait sa maîtresse avec un tel amour et un tel désir de lui obéir qu'il aurait pu être la star de sa classe avec un éducateur un tant soit peu compétent.

« Et puis, il y a eu les habituels tours de piste, les ordres et ainsi de suite, mais rien de tout ça n'était fait avec respect. Ce n'est pas pour me vanter, Izzie, je dis juste la vérité, j'aurais pu le faire tellement mieux. Je leur aurais d'abord donné des conseils sur la manière de diriger. Tu te rends compte, un rottweiler adulte dans un harnais ? Bref, le pire restait à venir. Le deuxième rottweiler là-bas sautait sur les autres chiens, un coup de dents par-ci, un coup de dents par-là, dans le vide parce que le maître le tenait si fort en laisse qu'il s'étouffait et ne pouvait pas s'approcher des autres chiens. Le dresseur ne disait rien sur la manière dont le maître crispait son chien et continuait comme si de rien n'était.

« Ensuite, le dresseur a voulu travailler sur les rapports entre chiens. Ils allaient tous devoir se croiser et il voulait que chacun ignore celui qui passerait à sa portée. La femme au teckel était un peu nerveuse et elle a demandé si c'était sans danger, étant donné la manière dont ce rottweiler regardait les autres en grondant. "Ne vous inquiétez pas, ma chère, je ne crois pas que votre petit tueur causera beaucoup de dégâts", fut la réponse qu'elle obtint. Les gens se mirent à rire et il aurait été difficile de ne pas suivre le mouvement. Ils se sont alors mis en route et, bien sûr, ce qui devait arriver arriva. Le rott agressif a foncé en claquant des mâchoires, déséquilibrant son maître. Il a pris pour cible un berger allemand qui ne comptait pas se laisser faire sans répliquer et qui a répondu du tac au tac. Le rott est devenu fou furieux et il a arraché un bout de la patte du teckel. Ils se sont retrouvés avec quatre chiens en pleine bataille, leurs maîtres tentant de les tirer hors de la mêlée en leur donnant des coups de pied et en les frappant, et qu'est-ce qu'a fait le dresseur d'après toi ? Il a hurlé à s'en faire exploser la tête, s'est joint à la distribution de coups, puis – j'ai toujours du mal à le croire – il a fait le tour des chiens que leurs maîtres apaisaient et il leur a flanqué une claque à chacun ! Il vociférait : "Apprenez à vos chiens une leçon qu'ils ne sont pas près d'oublier pour qu'ils ne recommencent plus jamais !" Il ne s'est tout de même pas approché du rott agressif, mais il a demandé au maître de mettre une muselière à son chien pour la prochaine fois et de "gérer sa bête". Comme si ce n'était pas à cela que le cours était censé servir.

« Le teckel était déjà parti, sa maîtresse l'a emmené en urgence chez le vétérinaire. Je suis sûr qu'il n'aura pas de séquelles physiques, mais à ton avis, que va-t-il éprouver pour les autres chiens maintenant ? Et tu sais ce que leur a dit cet enfoiré alors qu'ils s'en allaient ? "Il est trop petit pour se mélanger avec les grands – vous feriez mieux de trouver un cours pour chiots quelque part." Aucune excuse, rien ! Le cours a continué. Les gens ne se croisaient plus, mais la marche en cercle a repris. Seul un homme a émis une vague plainte. Il a dit qu'il ne reviendrait pas, car ces méthodes étaient peut-être appropriées pour les bergers allemands, mais comme son chien était un croisement il n'éprouvait pas le besoin de le frapper de la sorte. Eh bien, ça ne convient pas non plus aux bergers allemands, Izzie ! Moi, je n'y retournerai plus jamais.

« Je vais devoir tout recommencer. Peut-être trouver un bon éleveur, avec une pension, passer un diplôme en soins canins, devenir toiletteuse ! Je n'en sais rien. »

La promenade fut trop vite terminée, comme toujours, et nous rebroussions chemin vers ma cage lorsque nous tombâmes nez à nez avec Minepincée.

— Je croyais que tu devais nettoyer l'enclos 4 !

— J'avais envie de me promener, répondit Élodie.

— Tu avais envie de te promener, l'imita Minepincée en

plaquant ses mains sur ses hanches. Eh bien, moi j'ai envie de prendre des vacances aux Maldives, mais on ne fait pas ce qu'on veut ici, on a du travail à faire !

— C'est bon pour les chiens de les sortir un peu.

Élodie ne s'en laissait pas compter et je sentais que le mépris vibrant de Minepincée enflammait son visage et le faisait virer au rouge.

— Ne me dis pas ce qui est bon pour les chiens ! Venir ici avec tes grands airs et tes manières. Tout ce que tu sais, tu l'as lu dans des livres ! On ne lit rien sur la merde, pourtant c'est ça le vrai travail, ma fille. Nettoyer la merde. Jour après jour ! Bon sang, on ne flâne pas dans les champs, nous.

Deux chiennes, dont aucune ne reculait, voilà qui risquait d'entraîner un combat à mort. Je donnai à Princesse un léger coup de truffe, mais ce jour-là elle n'était pas d'humeur diplomate.

— Eh bien, pendant que vous nettoyez la merde, vous pourriez peut-être aussi passer de la poudre anti-puces et acheter du vaporisateur ou des colliers anti-puces. Ces chiens que vous connaissez si bien se grattent jusqu'au sang et il ne leur faudrait qu'un malheureux traitement préventif...

— Des puces ? Mais les puces, ce n'est rien ! Ça prouve que tu n'y connais rien. Je suppose que tu n'as pas pensé à ce que ton cher ami nous ramène de vos promenades ensemble. S'il n'est pas infesté de tiques, il aura des épillets et alors que tu t'amuseras toute la semaine, les tiques lui donneront la babésiose et il restera malade le restant de sa vie – s'il survit – et les épillets lui colleront aux pattes ou au dos et s'enfonceront jusque Dieu sait où pour infecter sa gorge. Il s'étouffera, ou les épines creuseront des trous dans son corps !

Je me grattai frénétiquement. Il y avait vraiment des informations que je préférais ignorer. Minepincée semblait avoir remporté la confrontation. Quel dommage !

— Je le brosserai et l'inspecterai tout à l'heure, dit Élodie d'une petite voix avant de me faire signe de la suivre.

Mais Minepincée ne savait pas s'arrêter.

— Et en plus du temps dont nous ne disposons pas, avec les chiens qui arrivent et qui partent tous les jours, d'où crois-tu que viendrait l'argent pour tous ces traitements que tu veux qu'on leur donne ? Dis-le-moi, hein !

Malheureusement, Élodie le lui dit. Elle fit volte-face et hurla :

— Si certaines personnes vidaient leurs poches de ce qui ne devrait pas s'y trouver, il y aurait beaucoup d'argent ! Viens, Izzie.

Sans un mot de plus, elle se dirigea vers ma cage à grandes enjambées, ouvrit la porte et entra, sans tenir compte des cris qui la suivaient :

— Qu'est-ce que tu veux dire par là ? Reviens ici et explique-moi ce que tu veux dire !

— Oh, Izzie, que va-t-il nous arriver ?

Élodie sortit une brosse et des ciseaux de son sac à dos et entreprit le long travail consistant à défaire mes nœuds et à me débroussailler. Elle coupa des piles de poils gras, soupira beaucoup en voyant les taches roses qui me démangeaient sur les flancs. Elle les vaporisa à l'aide d'un spray qui piquait un peu, mais laissait un engourdissement agréable et frais. Je sentis ses larmes couler sur mes parcelles de chair nue, procurant la même fraîcheur que le vaporisateur, avec un supplément d'amour.

— C'était censé être spécial, me dit-elle. La première fois que je t'aurai toiletté ! Et la première fois que tu auras été toiletté depuis Dieu sait combien de temps. Quelle grosse vache ! Pas de tiques, pas d'épillets, et voilà qui te débarrassera des puces pendant un bout de temps. J'aimerais pouvoir aider tout le monde.

Elle rangea son sac et regarda mélancoliquement les chiens qui remuaient la queue autour d'elle.

— À bientôt, nous dit-elle – *me* dit-elle.

Encore une autre promesse que faisait un humain à un chien crédule.

— Ce n'est pas beau à voir.

Jack rabattit l'oreille d'Éclair et le lévrier leva instinctivement la patte pour gratter la partie touchée, déjà encroûtée de sang séché.

— Ça me rend folle. Je sens ces... ces choses qui... rampent dans mon oreille. Si je pouvais l'arracher, je le ferais – j'aurais une paire assortie, au moins.

Personne ne riait.

— L'autre oreille ne craint rien, c'est déjà ça !

— Des mites d'oreilles, confirma Jack. C'est ce que je craignais. Je peux nettoyer la surface en la léchant, mais je ne peux rien faire pour ce qui se passe à l'intérieur...

Il se tourna vers moi.

— Beaucoup de chiens aux oreilles tombantes ont cette terre noire dans les oreilles... ça gratte et c'est irritant, mais on peut vivre avec. Pas avec les mites, en revanche.

Éclair cogna sa tête contre les mailles métalliques de la clôture et gémit :

— Que vais-je faire ?

— Quand l'humaine viendra, fais en sorte de le lui montrer. Incline la tête sur le côté, gémis, gratte-toi derrière l'oreille, montre que tu souffres. Tu dois voir un vétérinaire.

Ce fut Minepincée qui apporta les seaux de nourriture et nous nous arrangeâmes pour bien mettre Éclair en évidence. Je gardais néanmoins mes distances. Des fourmis imaginaires me donnaient envie de me gratter les oreilles à la seule idée d'attraper des mites. Éclair suivit le conseil de Jack à la lettre, donnant des coups de patte à Minepincée pour attirer son attention, puis elle geignit et se gratta en secouant la tête – la totale.

Minepincée posa le seau d'un air las.

— Il y a toujours quelque chose qui cloche ici, n'est-ce pas ? Je jurerais que vous le faites exprès. Je suppose que je ferais mieux d'aller chercher Madame Clunier.

Elle ramassa son seau et continua de nourrir les chiens dans la cage suivante, puis celle d'après. Nous écoutâmes les bruits routiniers des chiens affamés en attente de repas, puis leur apaisement, l'habituelle vague de bruits suivant le chemin de la distribution autour du centre. Nous patientâmes. Enfin, nous entendîmes les voix de Grossedame et de Minepincée qui arrivaient dans notre direction.

— ... trop de chiens. Pas étonnant qu'il se propage des maladies, et je ne peux absolument rien faire pour prévenir ça. Un nouveau arrive, il devrait rester seul, mais nous manquons d'espace. Nous avons trop fait traîner les choses, Léa, nous sommes ridicules et sentimentaux. Nous allons devoir faire une sélection...

Je ne comprendrai jamais les gens. Je n'aurais jamais cru que Grossedame et Minepincée puissent choisir certains d'entre nous pour les ramener chez elles et en faire leurs animaux de compagnie. Je n'étais pas certain que ce soit un sort plus envieux que de rester dans la cage avec les autres, aussi exiguë fût-elle, mais cela prouvait au moins qu'elles se souciaient de nous.

— Je suis tout à fait d'accord. Et l'autre sujet que nous avons laissé traîner, c'est la question des bénévoles.

— Oui, j'y ai aussi réfléchi. Je ne suis pas sûre que ça en vaille la peine, avec toute la paperasse que ça exige. Quand nous avons une inspection, tout ne tourne qu'autour de ça : l'assurance pour les bénévoles, la formation appropriée pour les bénévoles, quelles tâches ils remplissent, les informations sur les chiens… et j'en passe.

— Ils me prennent tout mon temps avec leurs questions, et pour chaque corvée qu'ils exécutent, je dois vérifier derrière et rectifier ce qu'ils ont fait. Ils nourrissent trop les chiens, les agitent et les excitent, perdent du temps en les sortant promener alors qu'ils devraient nettoyer les enclos. Et je n'ai pas confiance en ce qu'ils racontent à droite et à gauche…

— Que voulez-vous dire ? demanda Grossedame d'un ton sec.

— J'ai entendu que l'on diffusait dans la rue des informations confidentielles sur le centre.

— Quoi, par exemple ?

— Toutes sortes de choses. Comment nous répartissons l'argent et qui nous apporte des dons. Des rumeurs sur les finances…

— En effet. Eh bien, nous allons régler ça. Merci de m'avoir tenue informée, Léa.

— Vous savez que la bonne marche du centre passe en premier dans mon travail, Madame Clunier.

Minepincée minaudait à présent en ouvrant la porte de notre cage et les deux femmes entrèrent, les yeux rivés sur Éclair, qui gémissait en tenant sa tête de travers.

Grossedame se pencha sur Éclair et, sans aucune brutalité, tira son unique oreille vers l'arrière. Elle l'inspecta quelques secondes, puis secoua la tête. Elle observa ensuite le pelage sur les flancs d'Éclair. Elle appuya et écrasa une puce entre son index et son pouce, obtenant une petite tache noire et rouge. Elle secoua de nouveau la tête et soupira.

— On ne peut jamais savoir, Léa. À la manière dont le chien se comporte, on pourrait croire qu'il y a un problème avec son oreille, mais elle est si propre qu'on croirait presque qu'elle a été cirée.

Jack aboya fébrilement et leva les pattes pour gratter les jambes de Grossedame.

— Non, descends. Donc l'oreille va bien. Nous avons une forte réaction aux puces – on voit bien qu'elle s'est grattée – c'est de là que vient le sang, et visiblement elle est contrariée. C'est typique des lévriers, ils sont trop sensibles. À cause de ce qui lui est arrivé, je la soupçonne de faire une sorte de réaction névrotique et de s'en prendre à son oreille restante. Des problèmes psychologiques, la pauvre bête.

— Elle a des mites d'oreilles, espèce de femme stupide, aboyait Jack, hystérique, si stressé qu'il s'était mis à tourner en rond pour poursuivre sa queue.

— Au moins c'est facile à résoudre, reprit Grossedame en ouvrant la porte pour laisser passer Minepincée. De la poudre anti-puce pour tous les chiens de la cage ! Jetez la couverture, ils n'en ont pas besoin en été de toute façon, et achetez un collier anti-puces pour le lévrier, pour plus d'efficacité. Ça devrait régler le problème.

Minepincée exécuta ses ordres avec une efficacité redoutable. On aurait dit qu'elle avait toujours rêvé de nous débarrasser enfin de nos puces. C'était étrange de ne plus sentir ce grouillement permanent d'insectes en train de mener leurs vies microscopiques dans les chemins forestiers de ma fourrure. Nous étions reconnaissants pour ce soulagement. Mais nous devions subir les gémissements d'Éclair, que le manque de sommeil et la douleur rendaient de plus en plus incohérente.

— Des voix dans ma tête, l'entendais-je marmonner.

Jack lui léchait soigneusement l'oreille pour la lui nettoyer aussi profondément que possible, jusqu'à ce qu'elle finisse par lui dire :

— Non, ça fait trop mal, je ne supporte plus qu'on la touche.

Il s'effondra alors près d'elle pour lui parler lors de ses moments de lucidité, de plus en plus rares. Parfois, on voyait du pus couler de son oreille et l'odeur de chair putréfiée s'accentuait, mais Jack ne quitta jamais son chevet.

— Quelle comédie ! s'esclaffa Minepincée lors du repas, en voyant les tentatives folles que faisait Éclair pour atténuer sa douleur. Tu ne m'auras pas deux fois !

Ce soir-là, nous attendîmes l'heure du conte avec plus d'impatience que d'habitude – quelque chose, n'importe quoi pour nous permettre d'oublier un instant les misères d'Éclair.

Enfin.

— L'heure du conte ! lança le chœur, dans les cages.

Une fois de plus, Jack aboya son ordre :

— Les nouveaux en premier !

Tout le monde se tut et attendit.

Une voix aussi grave que l'écho du tonnerre dans les montagnes s'éleva :

— Je suis né sous un ciel si bleu qu'il vous éblouit, là où la neige est si blanche que son éclat étincelle derrière vos paupières closes, où les montagnes dansent sous le soleil d'hiver et font la farandole toute l'année. Je suis né dans les Pyrénées, avec mes deux sœurs et mes quatre frères.

Un nom jaillit alors tel un rugissement des tréfonds de ma gorge.

— Stratos !

— Stratos, reprit la meute en hurlant. Stratos !

Nous accueillîmes mon frère.

— Pourquoi est-il tout seul dans une cage ? Que fait-il ici ? grondai-je désespérément en regardant Prince, la source de tous les ragots.

Jack me fit taire en un regard et aboya :

— Écoutons l'histoire de Stratos.

CHAPITRE DOUZE

— Mes frères et sœurs ont été une déception pour moi, commença Stratos, trop faciles à bousculer, trop faciles à soumettre. J'étais un chiot fort et je voulais développer mes muscles et mes réflexes pour égaler la perfection que j'imaginais chez mon père. Tout ce que je savais au sujet de mon père était ce que ma mère m'en avait raconté. Mon imagination était hantée par un mâle fier, celui que je voulais devenir en grandissant.

Le courant d'air m'apporta l'odeur de l'urine de Stratos. Comment ne l'avais-je pas reconnue plus tôt ? Cette acidité piquante, salée comme la mienne, mais plus puissante, plus concentrée, de celles qui brûlent les herbes.

— Je mimais les gestes des adultes, le bond de côté pour surprendre un chien et le mettre aussitôt en position de soumission, la prise qui tue au niveau de la queue...

Ma propre queue se mit à remuer nerveusement.

— ... et mon préféré, la prise d'oreille. J'ai tendance à attaquer sur la droite, à me précipiter vers l'oreille droite, ainsi je peux traîner ma prise où je veux, en cercle dans le sens des aiguilles d'une montre, directement vers un humain, ou à terre pour la retourner sur le dos.

« Mais ce n'étaient que des jeux de jeunes chiots, avec des compagnons faibles. J'attendais toujours quelqu'un de plus fort, un défi à ma hauteur. Le jour de ma Sélection, je savais que je l'avais trouvé. Il était aussi grand qu'une maison, ses yeux envoyaient des éclairs ardents qui m'interdisaient de les regarder directement. Quand je détournais le regard, en petit chiot poli que j'étais, il me disait : "Bon chien" et sa voix était un volcan, un grondement où l'on sentait toujours la menace d'une éruption. »

Ce n'était pas exactement le souvenir que j'avais de l'humain de Stratos, mais j'imagine que nous portons tous sur nos vies des regards différents. C'était étrangement aliénant d'être une partie fugace de l'histoire de Stratos, un détail qui ne tarderait pas à s'effacer. Nous prenons l'habitude d'être au centre de nos propres récits, puis la terre tremble pour s'ouvrir sur un abysse, un état de non-être, une mort, quand on disparaît de l'histoire de quelqu'un d'autre sans être regretté. Pourtant, ne fût-ce que pour mes muscles qui en portaient encore le souvenir, je fus ravi lorsque son récit dépassa le stade de notre enfance commune.

— Il me souleva dans les airs, mes pieds ne touchaient plus que les nuages. Je pris peur. Je voulais lui être agréable et être appelé "bon garçon". Mon loup intérieur voulait grandir et le combattre. Combattre avec honneur et s'incliner devant un vrai maître. Il me posa à terre et, là où ses doigts me touchaient et me caressaient, je sentais que la racine de chacun de mes follicules pileux se connectait à son corps. J'étais son chien et j'éprouvais un puissant sentiment d'appartenance. Lorsque Denis me confia à sa femme, Nina, je sentis la chaleur du monde et je me roulai en boule tel le petit bébé que j'étais encore pour m'endormir dans ses bras. C'est bon d'être aimé.

— C'est bon d'être aimé, hurlâmes-nous.

— Même le chien le plus fort qui ait jamais vécu a besoin d'être aimé. Et a besoin d'un maître.

— Être aimé et avoir un maître, reprîmes-nous en écho.

— Je ne connaissais rien des maisons, des pièces, des meubles... vous êtes passés par là, votre mère, vos frères et vos sœurs vous manquent, et vous ne retrouvez aucune odeur familière, nulle part où vous installer car tout est nouveau. Vous êtes plein de curiosité et épuisé par tout ce que vous découvrez. Vous en souvenez-vous ?

— Nous nous en souvenons.

— Denis est allé quelque part et j'ai entendu une porte s'ouvrir. J'ai reniflé autour d'une chaise et je me suis rendu compte que l'odeur était celle d'un chien, d'un chien très récent. Un vacarme d'aboiements m'alerta quelques secondes à peine avant qu'un terrier noir et blanc me saute dessus, m'ordonnant de me soumettre rapidement ou sinon... J'étais suffisamment bien élevé pour reconnaître la supériorité de son âge et je roulai immédiatement sur le dos, mais il me mordilla férocement les pattes. "C'est moi le chef ici, ne l'oublie jamais !" aboya-t-il.

« À cet instant – vous savez comme les humains sont lents – Nina hurla : "Fredo !" en repoussant le terrier avec un coussin. Denis revint alors de l'autre pièce, suivant le terrier sans se presser. Il accéléra le pas en criant : "Fredo ! Non !" Le choc m'ébranla lorsque sa grosse main s'abattit sur la tête du terrier. C'était la première fois que je voyais un humain frapper un chien. Sur le moment, j'en fus enchanté. Fredo gémit : "Désolé, Maître", et me laissa, non sans gronder : "On se retrouve plus tard."

« Denis envoya Fredo se coucher à sa place, un petit panier près du feu, d'où il me dévisagea méchamment pendant toute la soirée, me rendant si nerveux que je fus incapable de trouver le sommeil. "Ça va calmer Fredo, expliqua Denis à Nina. Il faut juste nous montrer fermes, avec l'un comme avec l'autre." "Tu crois que ça ira ? Les laisser passer la nuit ensemble ? C'est la première nuit du chiot ici." "Ça ira."

« Dès l'instant où la porte de la cuisine se referma sur Fredo et moi, celui-ci enfonça ses dents dans ma patte. "Ça t'apprendra à m'attirer des ennuis !" J'avais si peur que je courus sous la table, fis pipi dans le coin où je me trouvais et restai assis là, tout tremblant. Fredo me poursuivit : "Ne te figure pas que tu pourras dormir ici. C'est ma place !" Je me glissai plus loin, passant si furtivement près de lui que ses dents claquèrent dans le vide. Il tira la couverture hors de son panier, la déposa sur un autre plaid étendu sous la table et gronda : "Tais-toi et laisse-moi dormir. Ne t'approche pas de moi."

« Le lendemain matin, Nina dit : "Fredo a pris les deux couvertures la nuit dernière et il a dormi à l'endroit que j'avais préparé pour le chiot. Comme le petit va beaucoup grandir, je m'étais dit qu'un panier ne suffirait pas. Que faut-il faire ?" Denis éclata de rire. "Pas besoin de faire quoi que ce soit. Ce sont des garçons, après tout. Ils s'habitueront l'un à l'autre – c'est tout naturel qu'il y ait un temps d'adaptation au début. Je m'assurerai qu'ils nous respectent, ne t'inquiète pas. Sois ferme avec eux. Ta mère dépose les enfants ici après l'école ?" "Oui, oui."

« C'est ainsi que commença ma nouvelle vie. Je fis la

connaissance des jeunes humains. Ils étaient enjoués et nous nous poursuivions dans le jardin, battant des pattes ou nous sautant dessus comme le font les jeunes animaux. Sauf lorsque Fredo sortait pour gâcher le jeu. Il ignorait les enfants et je devenais la cible de ses méchants claquements de mâchoires. Il me collait en permanence et me bombardait en piqué chaque fois que j'essayais de jouer. Les enfants glapissaient : "Laisse-le tranquille, Fredo", mais ensuite ils craignaient de jouer avec moi. Parfois, Denis s'en rendait compte et frappait violemment Fredo. Or chaque fois que Fredo recevait un coup, j'en payais les conséquences par la suite. Les meilleurs moments étaient ceux où Fredo restait dedans avec Nina, ou quand il dormait et ne m'avait pas vu me faufiler dehors pour jouer.

« Denis passait le plus clair de son temps au travail. Il transpirait sous ses couches de vêtements trop nombreuses et desserrait la cravate autour de son cou dès l'instant où il franchissait la porte. Nina disait que j'entendais sa voiture qui rentrait à cinq rues de distance – les humains et leur émerveillement devant nos sens les plus ordinaires ! Je l'attendais près de la porte, prêt à sauter sur ses jambes et à lui lécher les mains en remuant la queue. Fredo surgissait alors brusquement, me croquait la queue et l'arrière-train, assez fort pour m'agacer, mais pas assez pour attirer les coups du maître. "Ça suffit, Fredo", disait froidement ce dernier. Pourtant, sa main le trahissait en caressant le petit chasseur de rats, prompt à remuer la queue et à s'allonger sur le dos pour attendrir Denis.

« Enfin arrivait le moment que j'attendais deux fois par jour. Le matin et le soir, j'avais Denis pour moi tout seul. Fredo "n'avait pas besoin de promenades, il faisait suffisamment d'exercice dans le jardin". Tant mieux. Je lançais un regard noir éloquent à Fredo, qui fixait la porte avec envie chaque fois qu'il entendait le placard s'ouvrir et que l'on en sortait la laisse. "Pas toi, Fredo", disait Denis. Je voyais alors au-dessus de sa truffe noire deux billes de pure haine.

« Nous effectuions tous les jours la même promenade, matin et soir, mais pour moi chaque sortie était différente. "Tu ne t'en lasses jamais, dis-moi", commentait Denis en traînant un peu des pieds après une "dure journée" tandis que je flairais chaque scarabée et sac-poubelle, ainsi qu'un blaireau, qui avaient traversé notre chemin depuis la dernière fois que nous avions fait le tour du pâté de maisons pour aller au parc.

« J'avais droit à une longue laisse, "un peu de liberté parce que tu es un chiot", et je ne voulais rien de plus qu'être aux côtés de mon maître, partager sa force et son amour tandis que nous humions ensemble les changements dans l'atmosphère et la lumière. Plein de curiosité, je me précipitais vers toutes les nouveautés qui attiraient mon attention, surtout les gens. Denis me retenait en me tirant en arrière, puis en avant – je le remarquais à peine, je n'étais qu'une truffe frémissante. Si les éboueurs venaient d'effectuer leur ramassage, j'étais délirant. Du poulet pourri, des boules de coton imbibées de sang humain, des fonds de lait fermenté. Comment Denis pouvait-il garder son calme et marcher en ligne droite alors que chaque pas révélait une nouvelle senteur ? J'étais jeune et je croyais qu'il fallait suivre chacune de ces pistes. »

Oh, Stratos, mon frère, nous ignorions lorsque nous étions jeunes que tout est tracé et que chaque piste que nous suivons laisse les autres inexplorées, une envie et un souvenir. Je m'interrogeais sur les chemins que je n'avais pas empruntés, sur les choix dont nous n'étions pas maîtres. L'histoire se poursuivit.

— J'apprenais à comprendre mon maître. Il avait peur des flaques. S'il y avait une flaque dans mon coin à coucher, il se fâchait, comme on le fait tous quand on a peur, et il me frappait, naturellement – le plus faible est là pour que le chef le traite comme bon lui semble – alors je me cachais quand il entrait et qu'il y avait une flaque. Il était content que je me cache, il disait que c'était une bonne attitude, mais il me frappait quand même. Les flaques cessèrent de se produire quand je devins plus grand que Fredo, de sorte que Denis n'avait plus rien à craindre. Il ne me frappait pas, je ne me cachais pas et il disait que j'étais un bon chien.

« C'était un maître fort. Quand il était content de moi, il me flattait et me caressait. Quand il était en colère, il criait et me frappait. Je commençais à comprendre ce qui était bien et ce qui n'était pas autorisé, mais j'étais très jeune et j'avais du mal à comprendre pourquoi on me frappait quand je mâchais. Mes nouvelles dents poussaient et la douleur lancinante me rendait fou. Je ne comprenais pas pourquoi on me frappait lorsque j'avais salué ma maîtresse par un bond enthousiaste qui l'avait envoyée à terre. Ni quand j'aboyais pour protéger ma famille des dangers qui passaient quotidiennement devant notre maison. J'essayai donc de m'en abstenir quand mon maître était dans les parages. Parfois, il me montrait un meuble rayé ou un coussin détruit et il s'exclamait : "Vilain !" avant de me frapper sans que j'en comprenne la raison. Sans doute était-ce comme avec les flaques, quelque chose l'agaçait et il affirmait son autorité de chef. Il me disait qu'il me frappait parce que c'était bon pour moi. Je m'endurcis alors. Quand il remarqua que je ne tressaillais plus ni ne l'esquivais quand il me frappait, ses coups redoublèrent de violence.

« J'étais un chien fort et je voulais être comme mon maître. Bien sûr, j'acceptais tout de sa part, mais pas de celle des autres. Comme lui, je ne permettais pas qu'on me caresse n'importe quand, seulement quand j'en avais envie – alors j'utilisais ma grosse patte pour en faire la demande. Si je ne voulais pas de caresses je m'éloignais, ou si j'étais allongé et avais la paresse de bouger, je grondais légèrement. Ils comprenaient le message.

« Nina dit à Denis : "Il n'est plus le petit chiot adorable qu'il était. Il devient... autoritaire... avec les enfants et moi." "C'est parce que vous êtes trop doux avec lui, expliqua Denis. Regarde comment il se comporte avec moi, c'est parfait. Et s'il me respecte comme ça, tout est dans l'ordre. Il a atteint cet âge où l'on commence à s'acclimater, à trouver sa place." "Avec la place qu'il prend, ce ne doit pas être bien difficile !" "Si ça peut te rassurer, maintenant qu'il a sept mois, il est assez vieux pour être dressé. Je vais travailler avec lui et tu pourras lui demander de s'asseoir, de te donner la patte, ce que tu voudras." Nina sourit et embrassa mon maître. "C'est formidable. J'aimerais bien avoir ton savoir-faire avec les chiens..." "Un seul maître suffit, ne t'inquiète pas."

« C'est à peu près à ce moment-là que Denis me sauva la vie. Nous rentrions de promenade et, juste avant d'arriver à la maison, nous croisâmes un labrador couleur chocolat en compagnie de son maître, qui était immobile et discutait avec quelqu'un. Le labrador claqua légèrement des dents vers moi en me lançant : "Tu te prends pour un dur, n'est-ce pas, Peluche ?" Je me précipitai vers lui pour venger mon honneur. Denis me tira violemment en arrière, me frappa et dit : "Trop de testostérone en ce moment." Puis il reprit sa marche. Je décelais néanmoins la fierté dans sa voix et j'avais hâte de pouvoir le rendre encore plus fier. Je poussai un grondement derrière moi pour montrer que ce n'était pas terminé. Si le propriétaire du labrador continuait de discuter, et si je me dépêchais, je pourrais poursuivre cette conversation depuis la fenêtre du salon, qui surplombait exactement ce coin de rue.

« Une fois dans la maison, je me ruai dans les escaliers menant à l'étage comme si un lapin avait agité sa queue devant moi avant de détaler. J'allais lui en donner, du "Peluche" ! Je m'envolai vers la fenêtre en aboyant des menaces et des insultes à pleins poumons. Et là, au lieu de me cogner la tête contre la vitre comme cela se produisait généralement, il n'y eut absolument aucune résistance et je sortis comme un boulet de canon, me retrouvant sur la corniche entre les deux fenêtres ouvertes. Voilà ce qu'on appelle une position dominante ! Je regardais le labrador depuis l'étage supérieur, poussant des cris de guerre à gorge déployée, fier et la gueule écumante. Le labrador se liquéfiait comme un fondant au chocolat et une fébrilité toute nouvelle me saisit. C'est alors que ma patte dérapa. Je tentai de m'accrocher au rebord avec mes griffes, mais je glissais inexorablement vers une position nettement moins avantageuse lorsqu'un puissant coup sec sur mon cou manqua de m'étrangler. "Stratos !" s'écria mon maître. »

Tout en écoutant l'histoire de mon frère, je ne pouvais m'empêcher de songer à l'attitude des humains. Voilà encore un exemple de ces comportements déroutants dont les humains faisaient preuve. Que croyait donc obtenir Denis alors que son chien était en train de tomber d'une fenêtre ? Déjà que nous autres, les patous, ne sommes pas connus pour notre rapidité à obéir aux ordres dans les meilleures conditions possibles... Heureusement, il ne se contenta pas de crier. Sa réaction plus pragmatique fut de hisser Stratos grâce à la laisse qu'il portait toujours.

— Dans ma hâte de défendre mon honneur et celui de toute la maisonnée, j'avais foncé tête baissée, ma laisse toujours autour du cou. Ainsi, Denis en attrapa l'extrémité et je fus remonté dans le salon, dans une brusque saccade qui m'étrangla. Je m'étouffais dans la salive que je n'avais pas versée sur le labrador et son propriétaire. J'aime penser que je les ai copieusement arrosés avant ma sortie honteuse du centre de la scène.

« Mon maître referma la fenêtre. Je m'attendais à recevoir un coup – ça ne pouvait pas me faire plus mal que la sensation de brûlure autour de cette pauvre gorge. Bizarrement, Denis se mit à réprimander Nina d'avoir laissé les fenêtres ouvertes et elle réalisa les gestes de soumission de circonstance afin d'en finir rapidement. »

Je savais exactement ce que Stratos voulait dire. Vous remarquerez que les femelles humaines utilisent beaucoup de mots pour marquer leur soumission : « Désolée, je ne le pensais pas, je ne voulais pas, personne n'est blessé, je ne le referai plus », mais certaines d'entre elles n'emploient pas le ton approprié. Par exemple, « personne n'est blessé », prononcé d'une voix apaisante, rappelle au mâle que tout s'est bien terminé, sous-entendu « grâce à lui ». Son aptitude à diriger est alors renforcée et les relations sont restaurées et retrouvent leur calme de surface. En revanche, si l'on dit « personne n'est blessé » sur un ton méprisant, on remet en question la position dominante du mâle, suggérant qu'il a tort d'être en colère et qu'il dirige son agressivité vers la mauvaise personne. Il éprouve alors le besoin de remettre fermement cette femelle impertinente à sa place. « La frapper », d'après Stratos. Mais c'est son histoire et voilà que je l'interromps encore.

— Peu de temps après que le maître m'eut sauvé la vie, une fois que ma gorge se fut apaisée, je débutai mon dressage.

CHAPITRE TREIZE

« "Vas-tu l'emmener suivre un cours ? demanda Nina. Je pourrais peut-être venir avec vous ?" Denis éclata de rire, basculant sa tête en arrière et dévoilant toutes ses dents. "Dans un cours, c'est plutôt moi qui aurais des choses à leur apprendre, pas l'inverse. C'est l'université de la vie qui m'a éduqué et c'est ce que je vais lui enseigner. En plus, il est trop grand pour que tu le tiennes toute seule. Une fois que j'aurai travaillé avec lui, il sera un vrai toutou pour toi, attends de voir." "Tu es sûr, Denis ? C'est juste que... je crois que ça ne s'arrange pas entre lui et Fredo et je ne sais pas quoi faire... Je me suis dit qu'un expert pourrait peut-être nous aider." "Je te l'ai dit, tu es trop douce. Ce sont des chiens, c'est tout." On entendait un début de grondement dans la voix de Denis et Nina ne dit plus rien. "Allez, mon grand, il est temps de te comporter comme un adulte. Première leçon."

« En fait, les rapports s'étaient grandement améliorés entre Fredo et moi, depuis le jour où, comme d'habitude, il avait refermé les mâchoires sur l'arrière de mes chevilles et s'était attardé assez longtemps pour voir quarante-deux dents claquer devant sa truffe. Je ne m'attaquais pas aux chevilles. Ponctuant mon avertissement, je lui pinçai l'oreille et la lui tirai pour le soumettre. Le petit avorton n'eut pas d'autre choix que de rouler sur le dos et j'attendis qu'il fasse acte de contrition. Il était peut-être plus âgé, mais l'époque était bien révolue où il était plus grand, et j'avais appris de mon maître et de Fredo lui-même tout ce que je devais savoir pour prendre le dessus. Je soutins son regard, exprimant toute l'ardeur de ma rage. J'étais persuadé qu'il allait abdiquer, mais je me laissai berner lorsqu'il se retourna vivement sur le côté pour détaler en aboyant. Il me renvoya mon regard à distance, me défiant par ses jappements. Denis arriva à ce moment-là. Fredo et moi accueillîmes notre maître comme il se devait et, cette fois, ce fut moi qui bousculai Fredo pour avoir l'honneur des premières salutations. Il n'y eut ni mordillement ni glapissement, mais je sentis la résistance de son corps lorsque je l'écartai du passage. Si la victoire n'était pas totale, elle n'était que reportée, me disais-je, me glorifiant de ces vagues de puissance qui déferlaient dans mes veines, faisant de moi un véritable mâle.

« Apparemment, les petits chiens n'avaient pas besoin de dressage. En un sens, Fredo bénéficia du mien. Lorsque je revenais d'une heure de dressage, Denis estimait qu'il fallait m'ignorer pendant un moment. "Trop d'attention, ce n'est pas bon pour un chien." J'allais chercher Fredo. Il avait le bon sens de se cacher, mais je n'étais toujours pas parvenu à obtenir la soumission de cette boule de poils et, tant que je ne l'aurais pas, j'augmenterais la pression.

Refermer mes dents sur sa chair m'aidait à me sentir bien et à me conforter dans mon propre pouvoir. Personne n'oublie sa première morsure, infligée comme subie. Était-ce toi, Sirius, qui m'avais forcé à m'arrêter ? Qui avais piaillé comme une musaraigne jusqu'à ce que la vague de rage dans mes veines soit interrompue par le mur infini et impénétrable de la fraternité ? »

— Mon frère, tu m'as mordu, j'y ai mis le holà, répondis-je.

Mais je me serais bien passé de la comparaison avec une musaraigne et du portrait qu'il faisait de moi. Certaines affaires de chiots devraient être oubliées, ou du moins ne pas dépasser le cadre familial.

— Fredo n'était pas comme toi, mon frère. Je sentais toujours les empreintes de ses dents dans mes pattes, séquelles de mes premiers jours à la maison. La manière dont il avait volé mon lit, dont il m'avait empêché d'accueillir mon maître, dont il avait bien souligné avec force coups de dents ma place d'inférieur, même quand je ne lui témoignais que de la politesse. Tout était conservé dans ma mémoire et c'est ce qui a accordé à mes dents la liberté qu'elles avaient toujours voulu. Je devais dresser Fredo et il avait bien raison de s'enfuir, de se cacher dans les petits recoins qui convenaient à un tel rat. Mais il ne pouvait pas se cacher loin de ma voix et je lui expliquai ce que je lui ferais quand je le trouverais, quand il n'y aurait aucun humain pour intervenir. Et pourtant, il me défiait depuis sa cachette, me répondant qu'il serait mon chef aussi longtemps qu'il vivrait. "C'est toi qui l'as dit, Fredo, pas moi", répliquai-je.

« "Tu vois, Nina, dit Denis. Ils jouent ensemble maintenant." "Ça ne m'a pas l'air d'être un jeu." "Les femmes !" Denis éclata de rire en secouant la tête. "Encore heureux qu'il y ait un homme dans cette maison." J'étais content d'avoir l'approbation de mon maître vis-à-vis de la soumission que j'attendais de Fredo. Denis comprenait mon hommage. J'étais son habile lieutenant et je suivais son commandement. Il était si fort. Et sa force, je m'en rendis compte au cours de mon dressage.

« Je ne savais pas à quoi m'attendre, mais je fus intrigué lorsque nos promenades changèrent du tout au tout. Denis sortit un nouveau collier, en métal avec des piques à l'intérieur. "Ça t'empêchera de tirer, me dit-il. Il est temps de grandir." Au lieu de la longue laisse, j'avais une petite chaîne avec une poignée en cuir. Impatient que notre promenade commence, j'essayai de m'élancer, mais j'éprouvai une douleur subite au niveau du cou, comme si j'étais tombé par-dessus le rebord de la fenêtre et que seule la laisse m'avait retenu. "Au pied", entendis-je.

« La douleur s'en allait si je restais tout près de mon maître au point de sentir la chaleur de sa jambe. Chaque fois que je m'arrêtais pour renifler, ou que je suivais une odeur ne fût-ce qu'à une patte de distance de Denis, la douleur revenait. Si je restais assez longtemps à ses côtés, je ne souffrais pas, et parfois même j'obtenais un : "Bon chien". Je dus travailler si dur pour changer toutes mes habitudes afin d'éviter la douleur que je ne pus pas réaliser un seul aroundera pendant toute la promenade. Ma queue était aussi molle que mes épaules étaient tendues, et je m'attendais à sentir les aiguilles s'enfoncer à tout moment. La première fois que je rentrai à la maison, j'étais éreinté et je me rendis dans un coin calme pour dormir, sans même réagir aux tentatives que faisait Fredo pour revendiquer son territoire par des jappements et des petits coups de dents.

« Je m'améliorais peu à peu, parvenant à éviter la douleur tout en apprenant à plaire à mon maître pendant la promenade. Je conservais de mieux en mieux mon énergie, car je n'avais plus à me concentrer aussi intensément pour rester dans le périmètre étroit qui m'était dévolu. Denis ajouta de nouveaux mots d'ordre, me fit asseoir, rester au pied, m'allonger. Il me mettait en position avec ses mains et me donnait l'ordre qui correspondait. Puis il m'y maintenait jusqu'à ce qu'il prononce un mot de fin. Ensuite, il me demandait de le faire sans me toucher et si je ne le faisais pas, il me frappait. Si je me levais avant qu'il me le dise, il me frappait. Alors je m'exécutais sagement, mais je débordais d'énergie et j'avais envie d'exploser. Je devais être un chef comme Denis et je n'étais pas encore assez fort pour le défier, j'appris donc à Fredo une bonne leçon lorsque nous rentrâmes à la maison ce jour-là.

« Denis ne cessait d'augmenter son niveau d'exigence. Il retira la laisse pour de courtes périodes et me demanda de marcher à côté de lui et de me comporter comme si la douleur était toujours présente. Je tentai de m'écarter légèrement, mais il me frappa. Il m'apprit à donner la patte et lorsque Nina utilisa cet ordre et que je lui tendis une patte, elle fut si contente qu'elle m'embrassa et embrassa Denis. C'était une petite faveur que je pouvais bien lui accorder et j'aimais recevoir un baiser.

« J'étais préparé mentalement et physiquement aux deux grands défis de ma vie. Aussi incroyable que ce fût, Fredo ne m'avait toujours pas témoigné sa soumission en bonne et due forme et ce petit roquet provocateur m'obsédait. À présent, il avait des marques de morsure sous l'œil, sur le flanc et dans sa queue fluette, mais il aboyait toujours en s'enfuyant, dans un simulacre d'autorité.

« Les exercices de mon maître requéraient une puissance sans faille. Je saurais quand le moment viendrait. J'étais certain que Denis était assez fort pour me prouver sa valeur dans ce rapport de force, mais je devais me montrer digne de cette épreuve, afin que naisse entre nous deux un profond respect mutuel. Il devait me montrer qu'il méritait mon admiration.

« C'était un jour comme les autres, nous étions en promenade. Il faisait chaud et j'étais de mauvais poil. Je sentais mon loup intérieur qui s'énervait aux "fais ci, fais ça" incessants. Mon attitude m'exaspérait et j'aspirais à la liberté. Je rêvais d'avoir l'occasion d'ordonner à mon tour "fais ci, fais ça". Nous nous trouvions au parc, où Denis m'ordonna de m'allonger. J'ignorai l'emplacement qu'il avait choisi, car il était en plein soleil et que je haletais déjà comme un train à grande vitesse. Au lieu de cela, je choisis une position ombragée plus confortable, de l'herbe luxuriante sous un châtaignier épanoui. Denis plissa les yeux, mais se détendit en voyant que je maintenais ma position comme il me le demandait. J'étais à mon aise et je me décontractai en sentant ma truffe chatouillée par le parfum de jasmin et de poussière porté par la brise, et mes oreilles vibrantes des bruits des enfants qui jouaient plus loin. Je me couchai sur le côté, une position bien plus confortable que la posture tendue que Denis exigeait de moi. Je percevais son agacement, mais je me laissai bercer par les senteurs et les plaisirs sereins de cette journée d'été. Un cri interrompit mes rêveries : "Stratos, viens !"

« J'ouvris un œil et le refermai aussitôt. "Oh, et puis zut, songeai-je. Je reste ici. À lui de me prouver sa valeur, maintenant. Dans tous les cas, je ne peux pas perdre. S'il gagne, j'aurai un maître digne de respect, et dans le cas contraire, je pourrai rester ici et m'endormir doucement dans l'ombre." Cette pensée m'avait à peine effleuré l'esprit lorsque mon maître se pencha sur moi. J'ouvris les deux yeux et le foudroyai du regard comme s'il s'était agi de Fredo. "Non", lui aboyai-je. Sa grosse main s'abattit alors violemment sur ma croupe. J'éclatai de rire. "Je n'ai rien senti, lui dis-je. Je suis trop habitué et je suis trop grand maintenant." Il gifla alors le côté de mon visage et je répondis du tac au tac en faisant claquer mes dents dans le vide. "Ça suffit, tonna-t-il. Ce qu'on a commencé ici, on va le finir à la maison."

« Le collier à pointes retrouva sa place autour de mon cou et, même si je ne bougeais toujours pas, Denis tira de sorte que les piques s'enfoncèrent dans mon cou. J'avais oublié la douleur, car j'avais réussi à l'éviter pendant longtemps, et à la troisième secousse j'étais debout en essayant désespérément de m'accorder sur le pas furieux de Denis pour éviter plus de torture.

« Il m'entraîna à la maison et se tourna vers moi à peine la porte refermée. Il me retira mon collier et ma laisse. "Enfin", songeai-je. Il me demanda de m'allonger. Je lui obéis, mais je gardai les yeux rivés sur lui pour le défier. Il me décocha alors un coup de pied et une douleur aiguë fusa dans mes côtes. Je claquai des dents en direction de sa chaussure. "Tu l'as cherché", cria-t-il en me frappant avec la laisse et la chaîne, sans relâche, jusqu'à ce que je hurle et me couche sur le dos.

« Il avait gagné ! J'avais peur de lui. Je le vénérais. Je voulais être comme lui. "Que se passe-t-il ?" demanda Nina, dans l'encadrement de la porte. Elle était livide et tenait le petit Boris contre elle. "Il avait besoin d'une correction et je la lui ai donnée. Vous verrez qu'il ne nous causera plus d'ennuis maintenant. Regardez-le." J'étais allongé sur le dos, remuant la queue tout en essayant de ne pas exercer de pression sur les parties de mon corps qu'il avait fouettées. "Tu l'as frappé, papa ?" demanda Boris, au bord des larmes, blotti contre sa mère. "Oui, mon fils. Qui aime bien châtie bien, surtout avec un chien de cette taille. C'est pour leur bien. Quand tu seras un homme, tu comprendras." "Je ne veux pas être un homme", chuchota Boris. Son père ne l'entendit pas, mais moi si. Nina ne dit rien et se retourna pour s'en aller, tout en serrant son fils contre elle, nous laissant seuls dans la pièce.

« À partir de ce jour-là, je m'empressais d'obéir à chaque parole de mon maître. Je donnais la patte à Nina chaque fois qu'elle me le demandait, mais sa voix manquait de chaleur quand elle disait : "bon chien". L'action paraissait machinale à présent. Denis demandait à Nina de me mettre à l'épreuve pour que je prouve ce dont j'étais capable. Il devait partir en voyage d'affaires et voulait pouvoir me laisser avec elle le cœur léger. "C'est un bon chien de garde. Il ne laissera passer aucun cambrioleur. Je ne crois pas qu'une mouche mal intentionnée parvienne à lui échapper." Nina sourit faiblement. "Mais je veux que tu te sentes capable de le contrôler, donc voici les mots d'ordre..."

« Tandis que Denis nous donnait ses ordres, Nina et moi exécutâmes un enchaînement très efficace de : "assis, pas bouger, au pied" et, bien sûr, "donne la patte". Je n'oubliais pas Fredo. Je sentais que le jour de sa soumission approchait. "Je te téléphone quand j'arrive. Prends soin de toi", dit Denis à Nina avant de l'embrasser. Il emportait un gros sac avec lui et n'avait pas la même odeur que lorsqu'il partait travailler. Il était plus propre, plus enthousiaste.

« Nina me sortit promener, une courte marche, car Boris et Cath nous accompagnaient et qu'ils se fatiguaient vite. Nina ne détacha pas ma laisse, mais elle ne tirait pas non plus et je ne sentais pas la douleur des pointes. Elle ne me parlait pas et je m'ennuyais de mon maître. Il ne revint pas à l'heure habituelle et je finis par abandonner mon poste de surveillance à la fenêtre. Je m'allongeai à un emplacement d'où je pouvais regarder Nina tout en attendant mon maître. Je ne voyais Fredo nulle part et je n'y pensais pas. L'heure du coucher était à présent une routine bien huilée, si bien que je ne me rendais même pas compte de la présence de Fredo à moins qu'il ne décide de me l'imposer ostensiblement, ce qu'il n'était pas assez stupide pour faire. Le matin arriva, toujours pas de maître. J'accompagnai Nina et les enfants à l'école. La promenade était stimulante pour mes oreilles, mais j'étais trop bien dressé pour m'éloigner des pieds de Nina, ne fût-ce que d'un seul de mes poils blancs. Elle n'était pas mon maître, mais elle tenait ma laisse et mon maître l'avait désignée comme responsable.

« On me laissa m'amuser dans le jardin. Je poursuivis quelques bruits dans la rue en aboyant. À travers le portail, j'attaquai la femme dans sa fourgonnette jaune qui passait chaque jour et envahissait mon territoire en glissant sa main dans une boîte trop haute pour que je puisse l'atteindre – à mon grand dam. Je gagnais toujours et elle s'en allait à toute vitesse, comme si elle avait un patou gigantesque aux trousses. C'est alors que j'aperçus Fredo, allongé en plein milieu du jardin – *mon* jardin – en train de mâchonner une racine. Je me précipitai vers lui. Il était tellement absorbé par son bout de bois qu'il ne me vit pas arriver et j'aboyai : "Donne-moi ça." Il n'avait aucun endroit où se cacher et il se dressa de toute sa hauteur. Il m'arrivait au niveau du genou. Me regardant droit dans les yeux, il aboya : "Non !"

« C'était exactement la même situation qu'entre Denis et moi, et je suivis son exemple. J'entrai en action avec quelques morsures bien senties avant d'exiger la soumission de cet avorton pas plus gros qu'une pinte de bière. Nina était accourue en hurlant dans le jardin, agitant un torchon que nous regardâmes à peine. Je donnai un coup de dent en direction du torchon, mais attrapai malheureusement la main de Nina qui se trouvait dessous. Elle poussa un cri, porta la main à sa bouche pour sucer le sang qui affluait déjà et elle recula en s'éloignant de nous. C'était parfait. Je ne voulais pas perturber Denis en impliquant Nina dans un combat de mâles. Cette affaire ne la concernait pas. Dans les yeux de Fredo, on lisait la peur et la douleur, mais il aboya sans détourner le regard : "Dans tes rêves, nounours en peluche !" L'instant d'après, je lui arrachai la gorge.

« Je me dirigeai vers Nina et lui expliquai que je n'avais pas eu le choix, mais elle tremblait plus que de raison. Elle se précipita dans la maison et je la vis utiliser le téléphone. Je m'assis donc pour me reposer, de l'autre côté du jardin, loin du corps de Fredo. Je n'aime pas l'odeur de la mort. Les combats m'épuisent et j'avais envie de faire une sieste, mais à peine avais-je fermé les paupières qu'un camion arriva. Bien sûr, j'accueillis les intrus par des aboiements, mais je n'étais pas d'humeur à monter la garde. Comme Nina me demanda de les suivre en employant les bons mots d'ordre, je les laissai m'embarquer. Je ne resterai pas très longtemps. Quand Denis rentrera à la maison, il expliquera tout à Nina et viendra me chercher. »

Stratos hurla sa foi vers les étoiles.

— Mon maître viendra !

— Son maître viendra ! nous reprîmes en chœur.

— Denis viendra, aboya Stratos.

— Oh, mon frère, gémis-je. Qu'as-tu fait ?

CHAPITRE QUATORZE

Si vous vous immergez totalement dans le maintenant, dans l'instant présent, vous vous rendrez compte qu'il est infini. Je vivais dans le maintenant de la présence de mon frère. Après l'heure du conte, sous les étoiles, nous partageâmes nos souvenirs du passé, nos espoirs pour l'avenir. Nous réfléchîmes aux qualités d'un bon maître. « Faible », disait-il à propos de Marc ; « violent », rétorquais-je pour décrire Denis. « Il viendra et tu verras ce qu'est un bon maître, répondions-nous à l'unisson. Si tu étais là quand il me caressait et me disait que j'étais beau, tu comprendrais. »

— Pourquoi m'ont-ils mis dans une cage isolée ? me demanda Stratos.

— Ils ont peur que tu fasses du mal aux autres chiens.

— Mais pourquoi ?

La stupéfaction de mon frère était sincère. Comme je vous l'ai dit, il n'a jamais été le lapin le plus brillant de sa rangée de choux.

— Ton dernier colocataire est un cadavre, lui rappelai-je.

La chaîne produisit un bruit de ferraille lorsqu'il se rua dessus, en proie à la frustration.

— Seulement parce qu'il refusait de se soumettre. Tout chien qui se comporte convenablement serait en sécurité dans ma meute.

Une fois de plus, la grille poussa sa complainte métallique sous la charge d'épaule du patou de quatre-vingts kilos qui s'y jetait de toutes ses forces.

— Pourquoi, me parvint son rugissement à travers l'enfilade de cages, pourquoi ont-ils peur de moi ? Ce n'est pas juste !

Je fis preuve de tact en interprétant sa remarque comme une question rhétorique. Il vaut mieux que certaines questions demeurent sans réponse.

— Et toi, petit frère, demanda-t-il lorsqu'il eut retrouvé son calme, as-tu peur de moi ?

Je méditai longuement sur ma réponse. Quelle sorte de chien étais-je ? J'avais détourné le regard de celui de Jack dès le début et j'étais satisfait de ma place. Diriger était une tâche ardue, une lourde responsabilité. Je cherchai au plus profond de mon cœur et j'y trouvai la garde que montait Jack auprès d'Éclair alors qu'elle perdait de plus en plus la tête. J'y trouvai la vie routinière de notre cage où nous mangions et dormions ensemble, notre survie alors que nous nous accrochions à nos espoirs avec la même hargne que Stratos, lorsqu'il s'était acharné contre Fredo – un terrier comme Jack. J'essayai d'imaginer un duel entre Jack et moi, mais cela n'avait aucun sens, alors je me figurai Stratos en train de m'affronter. Non pas le chiot que j'avais connu, mais ce mâle puissant et plus gros que moi – je le devinais à sa voix ainsi qu'à sa carrure prometteuse de l'époque – qui m'attaquait avec une furie meurtrière. Avais-je peur de lui ?

— J'ai peur de ce que tu pourrais me faire, répondis-je en toute honnêteté.

— Et tu fais bien, répondit-il en rugissant.

— Mais je n'ai pas peur de toi, repris-je, plus fort.

— Pourquoi ?

Sa voix était sourde de menaces. J'aurais juré que sa vision nocturne et sa rage de loup faisaient luire ses yeux.

— Tu es fort et courageux, grand frère, et tu respectes toujours les règles. Je n'ai pas peur de toi, car je comprends les règles. Tu ne me sauterais pas à la gorge parce que tu n'en aurais pas besoin ; je te l'offrirais. Je ferais partie de ta meute.

— Ah, Sirius.

La voix qui me parvenait n'était plus qu'un ronronnement las.

— Tu t'es toujours roulé sur le dos, tu m'as appris à me retenir, tu m'as donné envie d'être un chef qui répand la paix là où il passe. Tu seras l'oncle de mes chiots. Avec toi, je pourrais même partager cet enfer abyssal. Nous pourrions nous allonger, épaule contre épaule, et affronter le monde.

Quant à moi, je n'éprouvais pas une confiance aussi aveugle. Je préférais dormir paisiblement sans craindre de perdre une partie du corps parce que mon codétenu faisait un cauchemar. Mais je ne voulais pas être jugé à ma réponse, alors je répondis :

— Épaule contre épaule !

J'aime penser que mon frère a dormi plus sereinement cette nuit-là en se sentant moins seul. Peut-être rêva-t-il de sa meute et de la conception de ses chiots. Aucun chien ne peut rester seul sans devenir fou. Et je ne parle pas d'une solitude physique... Être seul dans son cœur, sans meute, sans maître.

J'ignore pendant combien de nuits étoilées nous discutâmes, mon frère et moi, si différents, mais connectés à jamais sous notre fourrure. Quel que soit le nombre de ces nuits, il ne fut pas suffisant. Maintenant je sais que quand vous aimez, les nuits et les jours passés ensemble ne sont jamais assez nombreux.

En revanche, pour quelqu'un en proie aux mille morts comme Éclair, les jours et les nuits sont toujours trop longs, au-delà du supportable. Le sommeil n'est qu'un soulagement passager auquel on aspire désespérément. Jack était épuisé par sa veille et il avait sombré dans un profond sommeil, duquel il ne s'éveilla même pas lorsque Minepincée apporta la nourriture. Il n'ouvrit pas les yeux lorsqu'elle s'approcha du lévrier et tendit la main pour dire d'une voix douce :

— Tu n'as rien mangé, viens te nourrir un peu.

Trop tard, je vis le danger et aboyai :

— Ne touchez pas son oreille !

Les autres se joignirent à moi et poussèrent des cris alarmés. Tiré de son sommeil, Jack se leva d'un bond, mais il était trop tard. Minepincée avait délicatement posé la main sur la tête d'Éclair. La pauvre chienne explosa sous la douleur et tourna vivement la tête pour enfoncer ses dents dans le bras qui venait d'accentuer sa douleur déjà insoutenable.

— Non ! aboya Jack, dressé entre Éclair et Minepincée.

Le visage de la femme était blême et elle avait les traits tirés. Sa bouche formait une ligne droite.

— Montrez un peu de douceur et voilà ce que vous obtenez. Eh bien, c'est fini pour toi, ma fille.

Elle regarda autour d'elle pour dévisager froidement les sept chiens de la cage et elle hocha la tête.

— Le vétérinaire viendra demain.

— Que veut-elle dire, Jack ? demanda Prince.

Jack soupira.

— Au moins, elle l'a remarquée. Le vétérinaire soignera Éclair et la sauvera. Nous retrouverons notre douce amie dans quelques jours.

— Elle n'avait pas l'air attentionnée, soulignai-je.

— C'est sûr, elle n'est pas contente d'avoir été mordue, mais maintenant qu'elle a compris pourquoi, elle ira chercher de l'aide auprès du vétérinaire.

À voir Éclair, qui écumait et gémissait tout bas en frappant son oreille contre la grille, grattant jusqu'au sang la plaie qu'elle avait creusée au-dessus de son épaule, incapable d'atteindre son oreille, je me demandais si un vétérinaire pouvait vraiment nous rendre l'amie que nous avions connue. Jack l'affirmait, me dis-je. J'espérais que Marc viendrait bientôt. Même Denis serait moins pire que tout ça.

Le lendemain matin, à l'heure du repas, Minepincée portait un bandage sur le bras.

— Toi, me dit-elle. Tu as de la chance. Ton éleveuse vient te chercher. Je n'ai pas l'impression qu'elle en soit ravie, mais elle vient te chercher quoi qu'il en soit.

Princesse, songeai-je. Elle va me faire sortir. Mais j'avais l'impression d'avaler des pierres qui ne passaient pas. Comment Marc me retrouverait-il ? Et pourquoi Élodie elle-même avait-elle cessé de venir me voir ? Ma tête tournoyait tandis que j'essayais de me faire à cette nouvelle. L'humaine

Soum de Gaia allait venir. Au moins Stratos et moi serions de nouveau réunis.

— Quant à toi, lança Minepincée à Éclair sans s'approcher d'elle. Le vétérinaire arrive tout à l'heure dans la matinée, alors mange ou pas, à toi de voir.

Puis la porte de l'enclos se referma dans un bruit métallique et nous retombâmes dans la somnolence. Nos estomacs grondaient. Si les rations avaient été maigres, elles nous nourrissaient suffisamment pour nous permettre de passer une autre journée.

Lorsque le soleil fut haut dans le ciel, Grossedame et Minepincée arrivèrent ensemble, avec deux laisses et deux objets de forme conique munis de lanières.

— Les plus agressifs en premier, ordonna Grossedame. Muselez le bouledogue et je m'occupe du lévrier.

Sous nos yeux perplexes, un cône fut attaché au visage de Maisie et l'autre au museau d'Éclair, qui bondit en essayant de mordre l'objet qui faisait pression contre sa peau, la mâchoire comprimée. Maisie avait du mal à respirer et sa face aplatie de bouledogue bavait sous la muselière. Elles furent mises en laisse et conduites hors de la cage. Jack se précipita après elles pour les regarder partir.

— Maisie n'a pas besoin de vétérinaire. Quelque chose ne va pas.

Jack gronda et un chœur s'éleva, comme à l'heure du conte. Pourtant, cette fois, mon poil se hérissa lorsque j'entendis leur cri. C'était un hurlement que j'espère ne plus jamais entendre de toute ma vie.

— Laissez passer les condamnés !

Tel était le cri que poussaient des centaines de gorges. Les gémissements, les aboiements et les glapissements emplirent l'air et, encore plus déchirante, la voix que nous avions si souvent entendue quand elle nous invitait à narrer nos histoires :

— Non ! hurlait Jack. Maisie, Éclair !

Comme au crépuscule, toutes les voix se turent. Or cette fois, le silence sentait la mort et nous ne pouvions pas le chasser par nos récits.

À grand-peine, une voix étouffée et pantelante nous parvint :

— J'aurais dû mordre plus d'enfants quand j'en avais l'occasion. Ne dépérissez pas pour moi, frères et sœurs.

Même si ses dernières paroles ne furent qu'un murmure dans le vent, nous entendîmes :

— C'est presque fini maintenant, Éclair, plus de douleur, plus jamais. Continue d'avancer.

Jack était pétrifié, tel le cliché du terrier à l'arrêt, frissonnant en songeant à la proie qu'il n'avait pas le droit de toucher. Puis il rejeta la tête en arrière et entonna l'adieu. Une centaine de voix reprirent en écho :

— Bonne chasse, petites sœurs.

Je me remémorai Snow et Stella.

— Quelle sorte de Sélection est-ce donc ? demandai-je à Jack, apeuré, la queue entre les jambes et les oreilles basses.

— La dernière Sélection, répondit-il en tremblant.

Sa mine reflétait la mienne.

— Au bout du compte, nous serons tous adoptés.

C'est alors que nous vîmes Grossedame et Minepincée revenir vers nous avec une autre laisse. Pas de muselière, cette fois. Les enclos étaient silencieux lorsque les femmes s'arrêtaient en chemin pour regarder dans chacun d'eux.

— Quel dommage, dit Minepincée. Il ne pose aucun problème.

— Nous en avons déjà discuté, répondit Grossedame

d'une voix glaciale. Nous avons six nouveaux chiens à placer et nous devons faire de la place. Je sais que c'est dur, mais on ne peut pas se laisser aller à la sensiblerie, le choix est arrêté. Même quand nous aurons abattu ce monstre, nous aurons à peine assez de place. Au moins nous récupérerons la cage isolée, ce qui est très utile. Un monsieur très gentil, ce Denis Larime. Il nous a donné l'autorisation de l'abattre, mais il s'en veut, tu sais, d'avoir laissé sa femme avec un chien trop grand pour elle. Il dit qu'elle a toujours été trop douce avec cette brute et qu'il aurait dû se douter qu'elle n'y arriverait pas.

À présent, elles étaient entrées dans ma cage.

— Dans tous les cas, celui-ci doit partir. Il est trop vieux. Tu sais qu'il ne trouvera jamais de foyer. Prince, viens ici mon grand.

Prince accourut vers Grossedame et se laissa passer la laisse au cou. Ses yeux étaient les mêmes bassins d'amitié qui m'avaient ému lors de notre rencontre. Les pierres qui alourdissaient mon ventre obstruaient à présent ma gorge et j'étais incapable de parler.

Prince marqua une pause devant la porte et sauta pour me lécher la truffe.

— Tout va bien se passer pour toi, grand gaillard, me dit-il.

Puis il se tourna vers Jack, Melba et Clémentine et secoua la tête comme si un arbre avait déversé sur lui une pluie de gouttelettes.

— Ne dépérissez pas pour moi non plus, aboya-t-il. Ma famille m'attend. Plus rien ne peut nous séparer désormais. Advienne que pourra.

— Allez, dit Grossedame en tirant impatiemment sur la laisse, marche.

Sans un autre regard en arrière, Prince s'éloigna.

Jack redressa ses épaules et une fois de plus le funeste chœur s'éleva en l'honneur de Prince, tandis qu'il passait devant chaque enclos. Enfin, nous entendîmes des bruits de pas sur le gravier devant le centre et nous hurlâmes nos derniers adieux avant d'entendre la porte du bâtiment s'ouvrir et se refermer.

Puis nous attendîmes.

— C'est fini ? demandai-je.

— Je n'en sais rien, fut tout ce que Jack parvint à me répondre.

Nous attendîmes une éternité. Aucun chien ne haletait. Personne ne grattait. On aurait entendu une mouche voler. Mais nous ne percevions que le silence d'une centaine de chiens, aux aguets et l'oreille tendue. Vous autres, les humains, vous ne comprenez pas l'écoute. Pourtant, vous-mêmes êtes capables de l'entendre sans vous en rendre compte. Si vous vous concentrez, vous percevez le moment exact où vous perdez l'attention de quelqu'un, n'est-ce pas ? C'est parce que le bruit de l'écoute a disparu. C'est une tension dans les ondes de l'air, une connexion invisible entre l'auditeur et ce qu'il entend ou décèle. Notre écoute ce jour-là était si puissante qu'on aurait pu la frapper de la patte et la regarder se fendre. Mais aucun chien ne la rompit. Ce qui la rompit, ce fut le bruit de la porte centrale, suivi de plusieurs pas qui s'arrêtèrent devant une cage. S'éleva alors un hurlement plus terrible que tous ceux que j'avais entendus jusqu'à présent.

— Sirius !

Le rugissement de mon frère brisa mon cœur rempli de pierres et le changea en fournaise. Je me ruai contre les murs et contre la porte, en espérant que les parois céderaient avant mes os, mais j'étais incapable de le rejoindre. Des dents et des mâchoires claquaient et des cris retentissaient, m'indiquant que Stratos s'était engagé dans une lutte acharnée. Pourtant, sa voix étouffée ne laissait aucun doute quant à l'issue du combat.

— Quand Denis viendra, dis-lui que je l'ai attendu. Dis-lui que je suis un bon chien. Je ne veux pas qu'ils lui mentent !

Sa voix était fébrile à travers la muselière.

— Je le dirai à Denis ! hurlai-je.

Jack me jeta un coup d'œil et hurla son refrain, aussitôt repris par une centaine de voix.

— Nous le dirons à Denis, promit la meute.

Dans toutes les cages, la complainte s'éleva :

— Laissez passer le condamné !

Le crissement du gravier... C'était notre dernier instant, et soudain je sus ce que j'avais toujours voulu dire à mon frère.

— Toi, tu mérites respect et admiration, aboyai-je. Bonne chasse !

Le cliquetis d'une porte fendit mon corps en deux comme un tronc d'arbre frappé par la foudre. Je titubai sur le sol et me fermai au monde. Je ne pourrais même pas vous dire si d'autres chiens partirent. J'avais appris la leçon d'Éclair.

Tout ce que je sais, c'est que plus tard ce jour-là, dans l'après-midi, à l'heure des visites, l'humaine Soum de Gaia arriva devant notre cage en compagnie de Grossedame.

— C'est curieux, dit Grossedame, nous recevons rarement des chiens des Pyrénées, et nous en avons reçu deux en même temps. J'ai dû faire piquer l'autre ce matin. Trop méchant pour l'adoption, d'après son maître qui vient juste de rentrer de voyage d'affaires pour découvrir que la brute s'en est prise à sa maîtresse pendant son absence. Une vilaine morsure, apparemment. Ce n'est pas censé être une race douce ?

— Ils n'en demeurent pas moins des chiens ! répondit sèchement une voix familière. Tout dépend de la manière dont on les traite.

Grossedame lui lança un regard de travers.

— Le propriétaire m'a semblé avoir de l'expérience dans ce domaine. Mais vous connaissez cette race... peut-être auriez-vous pu sauver l'autre, dans ce cas ?

L'humaine Soum de Gaia la fusilla du regard.

— C'est déjà assez dur de venir chercher un chien à problèmes à la SPA... Dieu sait ce que je ferai avec lui, mais il fait partie de mon élevage et j'en accepte la responsabilité – et laissez-moi vous le dire, 99 % des éleveurs ne mettraient pas les pieds dans votre établissement. Si nous ne faisons pas attention, tous les propriétaires incapables de gérer leurs chiens viendraient directement les déposer chez l'éleveur. Il est hors de question que je me coltine en plus les ratés agressifs des autres éleveurs, merci bien !

— Je comprends et nous vous sommes reconnaissants de venir chercher Sirius.

Grossedame utilisait sa voix mielleuse. Je soulevai à peine la queue lorsqu'on me mit la laisse autour du cou. Sirius de Soum de Gaia, « chien à problèmes de la SPA », « raté agressif ».

Le courageux petit Jack se leva en titubant et se joignit à Clémentine et à Melba pour me dire adieu, mais les mots restèrent coincés dans leurs gorges et nous nous contentâmes de remuer la queue sans avoir besoin de plus. Surpris par le manque de protocole, les deux nouveaux venus qui avaient dû arriver sans que je m'en rende compte me gratifièrent d'un « bonne chasse, frère » de circonstance. Quant à moi, je m'interdis toute pensée, fixant simplement dans mon esprit la dernière image de Jack et des labradors.

— Je ne vous oublierai jamais, leur dis-je avant de répondre aux saccades sur ma laisse.

Alors que nous défilions devant les cages en direction du centre, les battements de mon cœur s'accélérèrent. Une chienne noire grinça des dents depuis la cage d'isolement, où une affiche annonçait toujours : « Stratos, chien de montagne des Pyrénées, sujet au suivi vétérinaire pour avoir mordu sa maîtresse. Attendons le retour du maître pour le placer à l'adoption. Aura besoin d'un propriétaire expérimenté, dresseur de préférence. »

Aucune femme ne regarda l'affiche lorsque nous passâmes sur le chemin de gravier, franchissant la porte qui se referma en claquant avant de sortir du centre de l'autre côté, où une voiture nous attendait.

CHAPITRE QUINZE

Mon éleveuse ne m'adressa pas une seule fois la parole pendant tout le trajet, et cela m'était égal. « Marc viendra », me répétais-je tout en léchant mes coussinets déjà douloureux d'avoir griffé les murs de l'enclos. Je mordillais les touffes de poils pleines de boue et je les recrachais avant de glisser ma langue entre les griffes pour les nettoyer jusqu'à apercevoir la peau rose à vif et ressentir la douleur. Au moins ainsi, je ressentais quelque chose.

S'il me restait encore un an ou deux de croissance, j'avais presque atteint ma stature d'adulte et je pouvais voir par les vitres de la voiture tout en restant allongé. Sur le côté, des routes, des camions et des voitures défilaient, passant en trombe dans un vrombissement, entre les émanations de goudron chaud, de gaz d'échappement, de diesel et cet infect parfum d'orange que diffusait une petite boule qui se balançait sur le rétroviseur. Pourquoi les humains masquent-ils par de l'orange et de la vanille artificielles les odeurs naturelles et passionnantes de terre et de putréfaction ? Ce contraste est une offense pour le nez, si toutefois l'odorat des humains survit aux premières agressions de vapeurs chimiques qu'il subit. Sans doute ont-elles le même effet anesthésiant qu'un glaçon frotté contre une truffe.

Au loin, un voile de chaleur flottait sur les montagnes, mes montagnes. Pic de Viscos, pic de Néouvielle, pic du Midi de Bigorre, pic de Macaupera, la vallée de Rioumajou, la vallée du Lavadon... ces vieux noms m'apaisaient comme une brosse dans ma fourrure, démêlant mes nœuds tout doucement. Je sombrai dans le sommeil.

Enfin, je fus réveillé par l'arrêt de la voiture et les premiers mots de mon éleveuse.

— Allez, dehors.

J'obtempérai. Nous étions revenus, l'élevage de Soum de Gaia. La ferme était plus petite. Le terrain où les patous et deux border collies s'ébattaient ; cet enclos où glapissaient les chiots – avais-je vraiment vécu mes premières semaines ici, avec le lapin bleu et le lapin vert ? Même l'acacia semblait avoir rétréci. Le caquètement des geais dans le verger me fit remuer la queue, amusé, lorsque je me remémorai Septimus et sa Sélection, mais je tressaillis aussitôt sous la vague de souvenirs que cela me ramenait.

Je m'agitai lorsque nous passâmes devant l'enclos et que de petits chiots tout excités et intrépides pressèrent leurs minuscules truffes contre la clôture en jappant. C'est ainsi que nous étions, mes sœurs, mes frères et moi. Oh, mon frère. Non, je ne voulais pas retourner dans un enclos. Nous poursuivîmes notre chemin et franchîmes la barrière d'enceinte du terrain, où les chiens se massaient autour du portail pour me dévisager. Un aboiement particulier m'accueillit :

— Sirius !

C'était une jeune femelle.

— Snow, répondis-je.

— Pourquoi es-tu de retour ?

Avant même que je puisse répondre, une voix de femelle plus âgée lança sur un ton glacial :

— Il a déshonoré le nom de notre famille.

Mère. Ma queue et mes épaules s'affaissèrent.

— Il ne faut pas croire tout ce que dit notre humaine, répliqua sèchement Snow.

Ces rebuffades étaient nouvelles !

— J'ai entendu beaucoup de rumeurs dans les concours, reprit-elle, et je peux te dire que notre grand nom de famille a quelques histoires douteuses bien enfouies.

— Tu ne devrais pas écouter les racontars ! Les humains dans les concours sont juste jaloux de notre succès !

— Bah, peu importe. Sirius, je suis si heureuse de te voir, petit frère. C'est *ton* histoire que je veux entendre, de ta propre gorge et non la version d'un humain !

Elle passa sa truffe entre les barreaux de la grille et nous reprîmes le contact, brièvement, avant que mon éleveuse (je ne pouvais plus la considérer comme mon – ni même *notre* – humaine) m'entraîne de l'autre côté.

— Avance, Sirius. Je ne veux pas d'un mâle inconnu avec mes chiens.

Voilà qu'« inconnu » s'ajoutait à ma description.

— Où vas-tu ? aboya Snow en courant le long de la clôture pour me suivre. Stupide humaine, ramène mon frère ici tout de suite ! J'ai envie de lui parler ! Il n'a pas du tout changé et il s'entend bien avec tous les chiens !

— Ça ne sert à rien, lui dis-je, réserve tes aboiements pour l'heure du coucher. Nous discuterons plus tard. Je t'entendrai toujours même si je ne peux ni te sentir ni te voir.

« L'heure du conte, songeai-je, avec ma sœur. »

— Je la déteste, aboya Snow. Elle ne nous connaît absolument pas. Elle ne pense qu'à l'argent. Elle te confond peut-être même avec Stratos.

Ma gorge se noua à la mention de ce nom. Je ne pouvais pas parler de lui.

— Nous discuterons plus tard, parvins-je à lui répondre tandis que nous dépassions le coin de la clôture, où Snow ne pouvait plus me suivre.

— Plus tard, promit-elle.

Je fus conduit au-delà de la ferme et des enclos, vers une remise sur une colline, avec un abreuvoir et des poules qui picoraient autour des arbres.

— Tu peux t'estimer chanceux d'être encore en vie, me dit mon éleveuse en attachant une chaîne à mon collier et en la rivant au sol, près de l'abri et de l'abreuvoir, mais hors de portée de tout humain.

« Suis-je vraiment chanceux ? » me demandai-je. Je m'allongeai et attendis que la nuit tombe.

Comme je m'en étais douté, les salutations de ma sœur me parvinrent, portées par la brise du soir. Mais elles devinrent de plus en plus fortes jusqu'à ce qu'une forme blanche déboule dans ma ligne de mire. Ce fut alors un enchevêtrement de pattes et de gueules. À bout de souffle, ma sœur s'écarta de moi et resta dressée, sa silhouette se dessinant contre les montagnes dans la lueur pourpre.

— Tu es magnifique, lui dis-je.

— C'est ce qu'on me dit à chaque concours, fit-elle en secouant sa petite crinière de poils blancs.

Elle dansait autour de moi, sautant sur le côté pour me taquiner de son museau, avant de s'allonger pour me lécher la truffe. Je lui rendis son geste. Elle dégageait une odeur exceptionnellement femelle et quand mon contact se fit un peu trop personnel, elle me repoussa et reprit sa danse autour de moi.

— Alors ?! Je ne peux pas croire que je me sois échappée aussi facilement ! Je me tâte depuis mon retour de chez Tarquin et je viens de creuser sous la clôture. C'était tellement agréable, de gratter toute cette terre puis de me glisser dans le trou. La liberté. Bien sûr, Mère essayait de m'en dissuader pendant que je creusais, mais elle n'a plus aucun contrôle sur moi maintenant, tu sais.

Grâce au petit aperçu que j'avais eu de ma sœur tout à l'heure, je pouvais très bien me l'imaginer.

— Je ne peux pas croire que tu sois ici, Sirius – c'est si bon de te revoir !

Elle essaya à nouveau de me chahuter.

À quand remontait la dernière fois que je m'étais amusé avec un patou ? Quand avais-je joué avec un chien, en me roulant dans l'herbe, me laissant plaquer sur le dos en claquant des mâchoires ou prenant le dessus pour écraser sous mon poids mon partenaire complaisant ? Cela faisait trop longtemps et Snow m'offrait le plaisir de ces longues bousculades. Ma chaîne nous entravait, mais nous l'intégrâmes à nos jeux, la contournant pour se dégager d'une prise ou enserrant une cheville trop lente dans ses maillons. Snow la prit même entre ses dents et m'entraîna dans un cercle jusqu'à ce que je me retourne contre elle. Elle était fougueuse cette nuit-là et c'est un miracle que nous ne nous soyons pas causé de dommages permanents, mais son odeur m'excitait et me tenait à distance tout à la fois, m'indiquant qu'elle avait le dessus et qu'elle imposait des limites à notre lutte, tout extrême qu'elle fût.

« Voilà pour Éclair », songeai-je. Je fis claquer mes mâchoires en me ruant sur ma sœur. « Voilà pour Prince ! » Je pesai de tout mon poids contre elle jusqu'à ce qu'elle cède. « Voilà pour... » Je pinçai son oreille en honneur à la prise favorite de mon frère et la tirai en un mouvement circulaire, de plus en plus près du sol. Les démons qu'elle combattait à son tour, je les comprends mieux à présent. Toujours est-il que nous étions sur la même longueur d'onde cette nuit-là et que nous libérions toute notre énergie avec fougue. Whoomp ! J'eus le souffle coupé lorsqu'elle se jeta sur moi en visant ma gorge. Je la laissais faire, car je m'amusais follement. Peu importe les ecchymoses supplémentaires que cela causerait à mon corps déjà courbattu, ou la trace de dents qu'elle laissa sous mon œil lorsqu'elle se méprit sur le demi-tour que j'effectuais.

— Oups, dit-elle avant de bondir à nouveau.

Enfin, une fois que nos corps furent épuisés et que nous fûmes à bout de souffle, nous nous allongeâmes côte à côte pour regarder le ciel s'assombrir sur la montagne. D'autres étoiles apparurent.

— Elles sont toujours là, tu sais, lui dis-je. C'est juste que tu ne peux pas les voir.

— Bon vieux Sirius, fit-elle en reniflant, avant de rouler sur le dos pour laisser l'air frais jouer sur la peau nue et mouchetée de son ventre.

— C'est ce que nous sommes, de la poussière d'étoiles, et c'est ce que nous redeviendrons...

Elle roula sur le ventre.

— Ne joue pas au philosophe avec moi. J'ai trop de choses à te raconter et je ne sais pas si je pourrai venir très souvent. D'abord, je vais t'apprendre toutes les nouvelles que je connais, puis ce sera à ton tour. Stella fait son chemin en Amérique, pour honorer le grand nom des Soum de Gaia.

Je décelai le cynisme dans sa voix.

— Tu n'as pas idée à quel point ils poudrent et toilettent les patous pour leurs concours là-bas, aucun respect pour le travail des chiens. Et les Américains sont d'une forme si différente, sans doute est-ce un autre élevage. Mais Stella semble plutôt heureuse, si on en croit ce que son maître raconte à notre humaine.

« Et je vois souvent Savoie-Fer dans les concours. Il est épatant, il rafle tous les prix. Mère dit qu'il est l'image de Père, mais je ne me fie plus à son jugement. Elle est juste... docile. Elle croit tout ce que notre humain dit, même s'il est évident que c'est un tissu de mensonges. Bref, c'est difficile pour Savoie-Fer d'assumer toutes les rumeurs, mais bien sûr il a ses propres chiennes à son élevage, alors il n'est pas obligé de s'accoupler à l'extérieur. Sa première portée doit arriver la semaine prochaine, tu vas devenir oncle. »

L'oncle de ses chiots. Ces mots avaient des griffes désormais, et j'étais à fleur de peau. Elle jeta sur moi son regard d'expert.

— Tu n'es pas mal non plus, tu sais.

Elle roula paresseusement et mordilla un brin d'herbe.

— Et toi ? Tu as vu les autres ? Tu as eu des nouvelles ?

C'était le moment. Mais cette dernière Sélection restait comme une plaie béante dans ma gorge et je craignais de la rouvrir.

— Non, répondis-je enfin.

Mon hésitation passa inaperçue.

— Je parie qu'ils s'amusent avec leurs maîtres, les chanceux. Tu crois que Septimus a appris à voler ?

C'est alors que les souvenirs affluèrent. Quand votre histoire commune remonte loin, il n'est pas besoin de raconter une anecdote au complet ni même de terminer une phrase. Il nous suffisait de dire : « Tu te souviens de Stella et de la flaque ? » pour humer aussitôt la même boue et la même colère, l'odeur de chiot mouillé, pour entendre les mêmes glapissements et voir les mêmes images défiler dans notre esprit. Parfois, l'un de nous proposait un détail que l'autre avait oublié, ou un point de vue différent. Snow me surprenait de plus en plus.

— Je n'en reviens pas de te voir aussi grande. Tu étais une petite chienne tellement bêcheuse, lui dis-je avec franchise. Toujours à nous agiter ton bonheur sous le nez, comme un os que nous ne pouvions avoir, car tu avais la chance de rester.

— Oui, c'est vrai, n'est-ce pas ?

Elle était directe, sûre d'elle. Je n'étais pas étonné qu'elle ait remporté autant de titres. Elle me faisait penser à *lui*, avec son assurance, et une fois de plus je fus tenté d'essayer de le lui dire, mais le moment était passé. À quoi bon lui gâcher sa nuit, sa vie ?

— Mais si ça peut te consoler, rester ici n'était pas le paradis que j'imaginais.

Non, décidai-je, mieux vaut rester allongé à écouter ses récits de rivaux jaloux et de menaces d'empoisonnement, d'oreilles trop basses et de triples ergots. Je les laissais couler sur moi en regardant les étoiles scintiller au-dessus des silhouettes noires des montagnes.

— Sirius, je peux te confier un secret ?

— Hmm.
— Je dois partir avant l'aube au cas où l'humaine viendrait me chercher ici. Elle me cherchera, c'est sûr. Je vaux bien trop d'argent à ses yeux pour qu'elle m'oublie. Je vais courir aussi longtemps que je pourrai. Je pars retrouver quelqu'un.
— Un nouveau maître ?
— Non, idiot, un chien. Un chien intelligent et dur, qui travaille dans la ferme d'à côté, il garde des moutons. Il est venu me voir la semaine dernière et m'a promis...

Une fois de plus, elle roulait sur le dos.

— ... peu importe ce qu'il m'a promis, mais c'est la raison pour laquelle j'ai mordu Tarquin.
— Ouah... doucement, jeune fille. Ce n'est pas comme ça qu'on raconte une histoire.

J'étais bien placé pour le savoir.

— Commence par me dire qui est Tarquin, puis parle-moi du moment où tu l'as mordu.
— J'aimerais bien.

Snow referma la mâchoire sur un moucheron qui passait.

— Tarquin est juste un beau patou de plus, issu d'une autre lignée oh-si-aristocratique. Comprends-moi bien, j'aime les beaux patous autant qu'une autre, mais j'ai appris deux ou trois choses, sur le ring d'exposition, et je ne veux pas avoir de chiots avec un voyou au mauvais caractère, si beau que soit son pelage ! Et comme si son caractère ne suffisait pas à vous refroidir, c'est un...

Elle gronda le nom de son pedigree à voix basse.

— Et alors ? Ce n'est pas assez bien pour une Soum de Gaia, c'est ça ?
— Tu as vraiment vécu dans la cambrousse, toi !

Personne qui s'intéresse aux chiots ne toucherait cette lignée. J'ai entendu dire par les humains que c'est de pire en pire ; de plus en plus de chiots sont nés avec les articulations du genou disloquées et tout le monde sait que c'est génétique.

— Mais je ne comprends pas. Pourquoi ton humaine voudrait-elle un mariage entre toi et Tarquin s'il est vraiment tout ce que tu dis ?

— Je te l'ai dit - l'argent. Nous sommes les seules sources de revenus de notre humaine et les chiots valent plus d'argent si leurs parents sont des champions.

— Comme Père.

— Oui, si ce n'est que Père était en bonne santé et avait toute sa tête, pas comme ce crétin grognon, balourd et ébouriffé avec lequel on me demande de convoler ! Mais Tarquin le petit génie est un champion, et il faut croire que mon pelage « pourrait être mieux », selon M. Gedes, le juge de Lyon. Les juges ! C'est une autre histoire ! Notre humaine fait exprès de ne pas croire les mauvaises choses que l'on raconte sur la maîtresse de Tarquin. Et bien sûr, Mère se range toujours de son avis. Tu n'as pas idée à quel point elle est soumise ! Me voilà donc, toute seule avec Tarquin le Grand, et lui qui comptait écourter les banalités pour en venir directement au fait. Tu peux toujours courir ! Il a dû jouer le jeu de la poursuite et, lorsque j'en ai eu assez, je me suis retournée pour le mordre bien comme il faut. Sa maîtresse est alors arrivée en courant et en hurlant que j'étais une chienne caractérielle – moi ! – et que je ne convenais pas à son petit trésor, qui me regardait avec des yeux assassins. Nous avons quitté Petit Trésor de très mauvaise humeur et j'ai dû rentrer à la maison avec notre humaine. Elle aussi était de mauvais poil, elle grommelait en parlant d'insémination artificielle. Moi, je veux des chiots heureux et en bonne santé. Alors je m'en vais prendre du bon temps !

— Ce "quelqu'un", avançai-je. Tu as dit qu'il gardait un troupeau.

— Au moins tu m'as un peu écouté. Oui, il garde des moutons. Ne commence pas avec le couplet "il n'est pas assez bien pour toi". J'en entends assez de la part de Mère depuis qu'elle l'a vu "rôder de manière louche", pour reprendre ses mots.

Le seul moyen me sembla d'y aller franchement et je lui dis de but en blanc :

— Mais les patous ne gardent pas les troupeaux.

— Je n'ai jamais dit que c'était un patou.

J'étais stupéfait. Voilà qui allait faire entrer le loup dans la bergerie des Soum de Gaia.

— Alors qu'est-ce que c'est ?

— Un collie, fit-elle dans un ronronnement. Noir et blanc, avec une tache noire sur un œil et des taches de rousseur sur le museau. Si sûr de lui. Excellent au saut. Tu n'as pas idée à quel point il est mignon.

— J'espère que tu sais ce que tu fais…

— Aucune idée. Mais je crois que je vais en profiter quoi qu'il arrive. À ton tour maintenant, raconte-moi tout depuis le début sans rien laisser de côté. Je veux savoir tout ce qui t'est arrivé.

Une fois de plus, je me lançai dans le récit de ma vie. Chaque fois que vous racontez votre histoire, elle change car vous avez changé, car vos auditeurs du passé en font désormais partie, car la lumière sur les montagnes est différente. Puis il y a les parties de l'histoire que vous ne pouvez raconter… mais vous savez qu'elles sont là, comme l'ombre des nuages sur les flancs de montagne, présente même lors des nuits les plus sombres pour ceux qui savent où regarder.

CHAPITRE SEIZE

Quand les premiers rayons du soleil effleurèrent les montagnes, une langue chaude me lécha le museau.
— Au revoir, petit frère.
Puis elle partit, un éclat blanc à la démarche élégante dansant dans la prairie. Si je devais choisir une image pour représenter Snow, ce serait celle-ci ; le moment où elle s'interrompit, une patte levée et la tête droite en reniflant le chemin à emprunter. Derrière elle, les sommets étaient enflammés et sous ses pattes, les herbes de la prairie se mêlaient aux fleurs alpines de cette fin d'été, petits points violets, bleus et jaunes. Reine des montagnes, ma sœur, blanche comme la neige. Bienheureux collie. Ou peut-être pas. J'espérais pour lui qu'il serait à la hauteur de ses promesses.
Comme Snow l'avait prédit, mon éleveuse gravit en haletant mon talus avant que le soleil ne fût haut au-dessus des montagnes, les sourcils froncés. Elle m'apportait de la nourriture que j'engloutis. Était-ce hier encore que je croyais

ne plus jamais pouvoir manger ? Comme le corps trahit le cœur pour subsister, contre votre volonté !

Les pensées de mon éleveuse étaient ailleurs et elle scruta minutieusement mon abri et le terrain alentour. Minutieusement pour un humain, bien sûr, incapable de voir ou de sentir ce qu'elle cherchait. Sur deux coins de terre en forme de patou, la rosée ne s'était pas déposée, et les traces étaient encore tièdes au toucher. Des empreintes de griffes dans le sol indiquaient la lutte enjouée entre deux chiens aux pattes de tailles différentes.

Et comment un humain pouvait-il ne pas remarquer cette odeur enivrante qui déclenchait des feux d'artifice dans votre cerveau, caractéristique de Snow et de sa fougue ?

— Bien sûr, ce serait trop facile, ronchonna mon éleveuse.

Elle s'approcha et je remuai faiblement la queue, par automatisme. Elle me tapota la tête et ma queue se dressa, pleine d'espoir. Avec efficacité, elle inspecta mes oreilles, mon corps, mes pattes. Soit elle ne remarqua pas les griffures de la veille, soit elle les attribua aux maltraitances de la SPA.

— Ça pourrait être pire. Tu ne fréquenteras aucun autre chien ici, donc on va oublier le rappel des vaccins pour économiser un peu, mais je suppose qu'un vermifuge ne te fera pas de mal, une ou deux fois. Je ferais mieux de garder ton pelage dans un état correct, je peux sans doute y arriver. Je vais me renseigner, mais personne ne me réclamera un mâle adulte dont le comportement pose problème... et la priorité va aux chiots. Je vais passer quelques coups de fil, pour voir si je peux retrouver cette chienne. Avec tout ce que vous faites pour eux, voilà ce que vous obtenez en retour !

Ma queue retomba d'elle-même. Mon éleveuse vérifia l'eau de l'abreuvoir et partit.

Ce n'était pas une vie de chien que de somnoler à l'ombre, changeant de position au fur et à mesure que le soleil et les ombres se déplaçaient, ouvrant paresseusement un œil pour voir des formes dans les nuages ou, les yeux fermés, entendre les vers creuser leurs tunnels sous la terre, tout à leur dur labeur.

Je m'allongeai sur la terre où Snow s'était tenue, emmagasinant sa chaleur, humant son odeur pour repousser la solitude. Mon éleveuse avait laissé un seau rempli de nourriture de sorte que je faisais le plein chaque fois que j'en avais envie, avant de me recoucher, laissant mon corps couvert d'hématomes se mettre doucement à guérir.

D'après les aboiements lointains des chiens de la ferme, je compris que Snow n'avait toujours pas été retrouvée. Aucun des aboiements ne m'était destiné, pas même celui de Mère. Ou plutôt, à en croire Snow, *encore moins* celui de Mère.

Alors que le soleil déclinait, le crépuscule me rendit fébrile. J'évaluai mes limites – quatre longueurs de chien de chaque côté, dans la remise si j'en avais envie, ou jusqu'à l'ombre de deux petits sapins un peu plus loin. Je pouvais courir un maximum de dix pas avant que la chaîne ne m'arrête brutalement. Ce qui m'avait semblé faire partie du jeu la nuit dernière m'irritait le moral encore plus que le corps, et mon cou était déjà douloureux à force d'avoir tiré, dans ma rébellion contre la chaîne.

Je me remémorai Stratos et son collier à pointes, et la docilité avec laquelle il avait fini par l'accepter. Je songeai à Jack, qui avait puisé dans son amertume l'aptitude à diriger, la responsabilité de sa meute.

Je cherchai leur force en moi-même et y trouvai la paix qui m'aiderait à me cantonner au périmètre qui m'était attribué. Au moins je pouvais dormir dans le vent frais sous les étoiles.

Lorsque le soleil fut de nouveau au-dessus des montagnes, mon éleveuse revint. Elle avait la mine encore plus renfrognée. « Bien », songeai-je. Elle remplit le seau de nourriture. Elle vérifia le niveau d'eau. Elle ne me caressa pas. Elle partit. « Rien n'a changé », me dis-je. Il n'y a pas de barreaux et je peux voir mes montagnes, mais je n'ai pas Jack, Prince, Maisie, Clémentine et Melba pour m'aider à ne pas devenir fou. Je fuyais mes derniers souvenirs d'Éclair. C'était toujours pareil. Une autre Minepincée venait et me nourrissait. J'essayais de faire un peu d'exercice dans mon territoire trop petit, sous peine de perdre la tête. Je savais que je ne devais pas toujours aller dans la même direction, que je devais varier mes exercices, mais pendant combien de temps pouvais-je continuer ainsi tout en demeurant le Sirius que j'étais ? Jusqu'à ce que Marc revienne ?

La routine s'installait déjà, inévitable. Le matin me trouvait dans l'ombre de la cabane, l'après-midi sous l'ombre des sapins. J'entendais les vers et cela me donna une idée. Il y avait une différence entre cet endroit et la SPA, où tout n'était que béton. J'allais observer les plus infimes détails du monde qui m'entourait, car il y avait une histoire dans chaque chose ; dans la colonne de fourmis qui rassemblaient des graines avant de retourner vers leur colonie, chacune chargée d'un fardeau pesant le double de son poids ; dans le bois luisant des vieilles pommes de pin, brillantes comme des bougies, prêtes à tomber le mois suivant ; dans les différentes formes de nuages, les amas pelucheux comme des portées de chiots ou les longues strates grises semblables aux limousines argentées qui passaient à vive allure sur l'autoroute. Puis je chantais ma journée au crépuscule, quand venait l'heure du conte. Je la racontais aux lapins, aux insectes et aux étoiles, pour le plaisir du récit, même si personne ne m'écoutait.

Ce soir-là, lorsque les montagnes virèrent au pourpre et que la jeunesse déferla dans mes veines, j'appelai ma meute inconnue, comme Jack me l'avait enseigné, et je hurlai l'histoire de mon univers quotidien, façonnant mon existence en la narrant. Les montagnes m'en renvoyaient l'écho, je n'étais pas seul.

Ainsi commença un autre jour d'exil, loin du monde des hommes et des chiens. On s'habitue à tout avec le temps, m'avait appris Jack, et je donnais déjà des noms à mes montagnes, ainsi qu'à mes deux sapins, la remise, les fourmis. À la tombée du jour ce soir-là, un autre changement s'opéra, qui m'aiderait à rester sain d'esprit plus longtemps que j'aurais pu le rêver. Je commençai mon appel du crépuscule et obtins une réponse, non seulement des montagnes, mais aussi d'une voix que je ne connaissais que trop bien, si court que fût le temps que nous avions passé ensemble.

— Je t'entends, mon frère. J'ai une histoire à raconter.

J'entendis d'après la distance et la direction que Snow était de retour à la ferme, mais elle semblait n'avoir rien perdu de son entrain.

— Écoutons l'histoire de Snow, annonçai-je aux montagnes, aux arbres et aux étoiles.

Sa voix était faible, mais nette.

— À travers les buissons dont les épines emmêlaient ma fourrure, à travers les ruisseaux dont les galets glissaient sous mes pieds, et par-dessus les collines qui haletaient sous le soleil accablant, je suivis la piste de mon amour, attentive à sa trace. S'il avait fait tout ce chemin pour moi, alors à mon tour je serais aussi forte, aussi agile et aussi rusée.

« Je m'arrêtai net en entendant le hennissement des chevaux et le caquètement des poules et je me cachai, mais mon odeur mit les chiens de la ferme sur le qui-vive et ils donnèrent l'alerte par des aboiements si forts qu'ils auraient réveillé un ours en plein hiver. J'entendis alors des pas précipités dans les buissons, quelque chose arrivait encore plus vite que moi et je me retournai pour affronter le danger. Deux collies jaillirent dans ma petite clairière, mon Rockie en tête.

« "Recule, aboya-t-il en se dressant entre l'autre chien et moi, le poil hérissé. À moi, gronda-t-il, elle est à moi." L'autre chien ouvrit grand ses naseaux et renifla. "Prouve-le", répondit-il en montrant les dents.

« Et les deux chiens bondirent, ne formant plus qu'un dans un entrelacs de dents et de bruits, mordant, claquant des mâchoires et se dégageant trop vite pour que je puisse estimer lequel était le plus fort. Ma tête bourdonnait sous l'effet de leurs odeurs et de leur pouvoir brut et mâle, et j'étais incapable de bouger. C'était aussi différent d'une visite chez Tarquin que le lapin bleu l'est d'un véritable lapin. Soudain, je pris peur. Étais-je prête pour ça ? Mais en allant là-bas, je m'étais offerte et je devais en accepter les conséquences.

« Aussi brusquement que le combat avait commencé, il cessa. Le perdant glapit et tourna les talons, aidé par le vainqueur qui lança un claquement de dents en direction de la queue du fuyard. Puis ce dernier se tourna vers moi, les yeux luisant encore de l'éclat de la bataille. "Pourquoi as-tu mis aussi longtemps ?" demanda-t-il en s'approchant de moi.

« Je reculai, d'abord pour essayer de gagner du temps, puis pour le plaisir de la poursuite. Enfin, je décrétai qu'un autre sport devait commencer. C'est ainsi que nous jouâmes ensemble aux jeux ancestraux et je ne le regrette pas un seul instant. C'était le bon chien au bon moment et je me fiche bien de ce que notre humaine pense des chiens de berger.

« J'ignore combien de temps nous passâmes ensemble, mais nous vivions chaque nuit sous les étoiles et chaque journée à la recherche de nourriture et d'eau. Rockie sauta par-dessus une demi-porte d'étable et vola quelque chose à manger, mais nous étions tous les deux affamés lorsque le propriétaire de Rockie l'aperçut et le rappela à la maison. Nous savions que le jeu était terminé et je suivis docilement Rockie à l'intérieur, où nous reçûmes à manger et à boire. "Dis au revoir, mon garçon, tu as du travail à faire, lui dit son maître. Je ne sais pas si nous serons félicités quand le maître de celle-ci viendra la récupérer. Mais je ne peux pas t'en vouloir, tu sais, gredin." Mon amoureux me fit ce petit saut en remuant la queue, comme font tous les chiens de berger, son museau pointu ouvert comme pour rire lorsqu'il aboya : "À la prochaine fois ! Tu seras toujours la bienvenue, Princesse ! Restons en contact."

« Puis, après un autre battement de queue et un autre

bond, il poussa un aboiement enthousiaste et s'en alla travailler. La porte se referma sur moi. Je m'installai pour attendre, effondrée, et pourtant aussi chaude à l'intérieur que si j'avais volé et mangé dix tourtes à la viande dans la cuisine de la ferme.

« Notre humaine apparut, avec le visage le plus sinistre que je lui aie jamais vu. Je crus qu'elle allait me frapper, ce qu'elle n'avait fait qu'une ou deux fois auparavant sans me faire plus de mal qu'une piqûre de puce, mais elle se maîtrisa cependant et prit sa mine affectée qu'elle utilise pour les concours et la vente des chiots. "Oh, merci de m'avoir appelée, minauda-t-elle. J'étais si inquiète. Elle est très précieuse à mes yeux." *Tu peux le dire*, songeai-je, toujours trop chaude et repue pour me laisser contrarier. Dès que nous fûmes hors de vue, elle reprit son masque menaçant : "Chez le vétérinaire, jeune fille !" me dit-elle.

« Nous nous rendîmes directement en salle d'opération. Le vétérinaire et notre humaine parlèrent de portée hybride, de concours, de mélanges, de problèmes à venir et tout se termina par une injection et un retour à la maison.

« Là, Mère me battit froid pendant plusieurs jours, commentant dans le vide "le comportement au rabais de certaines chiennes". Mon humaine avait placé un ruban pour m'empêcher de sortir de nouveau. Bien sûr, tu imagines ce que j'ai pensé en voyant ce bandeau. Je me suis dirigée tout droit vers mon trou, mais il avait été rebouché. Sans me laisser intimider, je me remis à creuser, grattant contre un ruban de plus en plus profondément. Lorsque je le touchai, une tempête me traversa le corps et me fit sursauter de douleur et de peur. Je recommençai à creuser, mais le même phénomène se produisit. Je ne peux pas franchir le ruban orageux. Ce qui signifie que je ne peux pas revenir te voir, petit frère. »

Ce fut comme si le ruban orageux m'avait envoyé une décharge à travers le corps, à moi aussi. Mais je n'en laissai rien paraître. Je refusais de laisser gagner les Minepincées de ce monde.

— Seuls les humains ont besoin de se voir, aboyai-je. Nous avons l'heure du conte, et nous nous écouterons l'un l'autre à cette occasion. Dors bien, ma sœur.

— Marc viendra, répondit-elle.

Mon ventre se remplit à son tour de la chaleur de dix tourtes à la viande volées dans la cuisine de la ferme.

Ainsi ma nouvelle vie était-elle établie. Mon éleveuse me rendait visite, non pas tous les jours, mais régulièrement pour s'assurer que j'avais de la nourriture et de l'eau. Elle me brossait de temps en temps, avec efficacité. Je ne pouvais empêcher ma queue de remuer avec espoir chaque fois que je la voyais, ou de réagir par des yeux mi-clos au plaisir d'une brosse dans ma fourrure, mais nous nous comprenions. C'était un arrangement d'affaires. Elle avait fait son devoir et avait préservé la réputation des Soum de Gaia, pour que tout le monde sache que c'était une éleveuse responsable. Elle redorait doublement son blason ; d'abord parce qu'elle soustrayait un vilain chien comme moi au regard public en me plaçant en lieu sûr, et ensuite pour la générosité dont elle faisait preuve en s'occupant de moi.

— Quelles rumeurs ? demandais-je à Snow un soir. Tu as dit que Savoie-Fer souffrait de rumeurs. Qu'y a-t-il de mal à être un Soum de Gaia ?

— Il n'en souffre plus à présent, répondit-elle, surtout depuis qu'il est Vice-Champion de France et d'Espagne. Je vais te dire ce qui cloche avec le nom des Soum de Gaia –

des truffes roses et des chiens blancs, tu sais ce que ça veut dire.

Je n'étais pas ignorant à ce point.

— Manque de pigmentation, associé génétiquement à la surdité, ce qui donne beaucoup de chiens sourds. Mais notre humaine, dis-je (le mot *notre* me faisait l'effet d'une substance visqueuse sur ma langue, mais c'était ainsi que Snow la connaissait), elle sait tout ça. Elle disait lors de la Sélection que notre pigmentation est excellente, qu'il est important de ne pas chercher des portées intégralement blanches...

— Oui c'est ce qu'elle dit maintenant, c'est même ce qu'elle fait, mais j'ai surtout entendu ce discours chez les gens qui doivent leur trouver des foyers et soutenir leurs propriétaires. Il y a trop de Soum de Gaia sourds en France, il est évident qu'elle en a fait l'élevage en toute connaissance de cause.

— Mais pourquoi voudrait-elle élever des chiens sourds ?

— Pour la même raison que l'humaine de Tarquin élève des chiens aux genoux disloqués. Parce que ce sont juste les rebuts, le pourcentage dont on se débarrasse pour obtenir des reines de beauté, comme nous mon cher frère. Et comme les patous tout blancs se vendaient plus facilement et avaient plus de chance de remporter des concours, cela valait la peine d'obtenir quelques avortons que l'on faisait sortir par la petite porte dès qu'il montraient des signes de handicap.

— Est-ce donc en nous, portons-nous tous ces problèmes génétiques pour nos chiots ?

— Tous les chiens apportent des problèmes génétiques à leurs chiots, Sirius, même le bâtard le plus mélangé que tu peux trouver à la SPA. De même que nous les héritons tous de nos parents. C'est la condition de la vie elle-même, accepter son héritage, le bon et le mauvais. Dès le moment où j'ai songé à la maternité, je l'ai accepté. Mais si les humains choisissent pour nous, ils ont la responsabilité de faire le bon choix.

— Elle ne peut pas être aussi insensible... si ? Enfin, elle ruine la réputation des Soum de Gaia, elle perd des chiots et de l'argent.

— Les défauts n'apparaissent pas avant que les chiots soient assez grands pour être avec leurs propres propriétaires – c'est pourquoi elle a hâte de se débarrasser d'eux et elle ne les garde pas un jour de plus passées leurs huit semaines. Tant que nous sommes des champions, il y a toujours de nouveaux Sélectionneurs qui viendront la voir pour acheter un chiot. Donc chaque fois que je gagne un concours, j'augmente les risques qu'elle mette en danger la santé de mes chiots.

— Pourquoi n'arrêtes-tu pas les concours dans ce cas ? En mordant le juge ou quelque chose de ce genre ?

— Crois-moi, j'y ai déjà pensé, mais tu avais raison en disant que nous sommes une bonne portée. Oh, Mère garde de la rancœur des jours passés, mais rencontrer Père fut vraiment la meilleure chose qui lui soit arrivée. C'était un mariage extérieur qui semble avoir créé quelque chose de spécial en chacun d'entre nous, nous étions beaux et en bonne santé. J'en parlais à Savoie-Fer quand nous nous rencontrions lors des concours et nous avons longuement discuté de ce qu'il convenait de faire. Son humain est exceptionnel. Il préserve tout ce qu'il y a de bon chez les Soum de Gaia en faisant de Savoie-Fer le mâle de ses jolies filles – je sais que les chiots seront magnifiques. Alors je lui nuirais, à lui et à ses chiots, si j'abandonnais mes titres…

« Mais je ne veux pas qu'elle me destine à un Tarquin. Maintenant qu'elle a vu ce que j'étais capable de faire, elle ne me laissera pas seule avec n'importe qui sans y avoir réfléchi à deux fois. Et tant que je garde mes oreilles ouvertes lors des concours, je saurai qui éviter. Je peux lui faire une allusion sur ceux que je pourrais éventuellement accepter, et nous verrons bien. Si je ne mets pas moi-même dans sa tête des indices quant au chien qui me plairait, elle reviendra à son projet d'insémination artificielle et je ne peux pas lutter contre un vétérinaire. Mais elle n'est pas pressée – elle sait que c'est cher, difficile et moins couronné de succès que la manière naturelle. Elle est impitoyable, mais pas stupide. »

J'hésitai, mais elle s'était ouverte à moi.

— Et Rockie ? Penses-tu que tu pourras avoir ses chiots ?

Sa voix semblait vieille d'un million d'années.

— Non, Sirius, elle s'en est assurée par sa visite chez le vétérinaire. Mère approuve, bien sûr. Vois-tu, je savais déjà que ce ne serait qu'un rêve de jeune fille. Au moins, j'aurais vécu ça. La vie continue. Et je préserverai son nom tant chéri.

Je me demandais si elle parlait de Mère ou de son humaine.

— … comme Savoie-Fer, je vais faire une lignée de chiots beaux à vous faire fondre le cœur et à tel point robustes que si on les lançait en l'air ils se retourneraient en atterrissant. Attends de voir.

Si jeune, et tant de responsabilités.

— Tu sais ce que je ne peux pas lui pardonner, Sirius ?

Tu te souviens de quand nous étions des chiots. Elle nous nourrissait, nous sociabilisait, elle faisait tout ce qu'elle était censée faire, n'est-ce pas ?
Mère ou l'humaine ?
— Oui, répondis-je prudemment.
— Mais elle ne nous aimait pas, n'est-ce pas ?
Je réfléchis un instant.
— Non, hurlai-je à ma sœur dans la nuit. Elles ne nous aimaient pas.

CHAPITRE DIX-SEPT

Même vous, les humains, savez que le véritable temps n'est pas mesuré par les horloges. On peut l'accélérer en étant occupé ou le ralentir en ne faisant rien. Le plaisir précipite le temps tout comme l'ennui ou le chagrin le ralentissent. Si vous partez en vacances et effectuez des dizaines d'activités agréables et variées chaque jour, vos vacances fileront, mais dans vos souvenirs, elles vous sembleront avoir duré longtemps, car vous aurez un grand nombre d'histoires différentes à vous raconter : ce que vous avez fait, les endroits où vous êtes allés. L'inverse est vrai si vous restez allongé sur la plage chaque jour et restez assis à discuter chaque soir ; les vacances vous sembleront très longues, mais dans vos souvenirs, elles se résumeront à deux moments.

Chaque chiot sait que la journée est longue quand on est seul à attendre que le maître rentre du travail, aussi gros que soit le jouet à mâcher qu'il vous a laissé, et qu'on ne voit pas le temps passer quand on poursuit son maître dans la mer, éclaboussant et jappant avec lui. Et n'importe quel chien qui a été rivé à un piquet et laissé seul sur une colline sait qu'il lui faut découvrir de nouveaux moyens de passer le temps et de nouvelles perceptions du temps qui s'écoule. Je n'étais plus un chiot prêt à confier mon cœur à la seule humaine de ma vie dès qu'elle apparaissait, d'autant plus qu'elle ne me prêtait aucune attention. Je décidai de l'ignorer en retour. Et comme les provisions de base étaient toujours là, l'arrivée de la nourriture était elle aussi un non-événement. Je reportai plutôt mon attention sur mon domaine. Mon corps était peut-être enchaîné, mais mon ouïe et ma vue étaient libres de vagabonder.

Rien n'était trop près ou trop petit pour mériter mon attention, et rien n'était trop lointain non plus. J'étais un patou qui surveillait son domaine comme les patous le faisaient depuis des centaines d'années. Chaque jour apportait de nouvelles rencontres. Une petite vipère fine se coulait entre les herbes, en mission. Un isard bondit dans ma clairière avant de se figer en me voyant et je soutins son regard d'un brun presque liquide. Un hochement de tête, un frétillement de la touffe qui lui servait de queue, et il disparut à ma vue en sautillant. Un lapin cria, un renard lui répondit par son glapissement aigu. Les marmottes qui bavardaient détalèrent pour se mettre à couvert. Une ombre d'ailes passa sur moi, c'était un vautour beige qui planait au-dessus de ma tête, silencieux cueilleur de charognes. J'entendis le reniflement lent d'un blaireau qui traversait la nuit et je songeai à ma carte d'identité, qui me déclarait couleur « blanc/blaireau » ; la carte d'identité qui disait que j'appartenais à Marc. Il était donc toujours là, au cœur de toute chose. Je ne m'ennuyais pas, j'attendais. J'avais de la compagnie, une bonne compagnie, mais je me sentais seul loin de mon humain, celui qui reviendrait.

La chute des feuilles arrivait à son terme et les bruits de la ferme se rapprochaient. Mon éleveuse agrandissait ses enclos du côté de ma colline. J'entendais le doux hennissement des chevaux et le braiment de leur compagnon, et bientôt leur respiration soufflante me rejoignit sous les arbres. J'appris de la bouche de Snow que les rubans orageux formaient la clôture des chevaux et que mon territoire se situait désormais au milieu du leur. Puis les poules emménagèrent, se juchant sur les arbres et dans ma remise, quand elles n'étaient pas en train de caqueter, de picorer ou de se battre, dans une envolée d'éperons et d'ailes raidies. Là où se trouvaient les poules, les rats ne tardaient pas à montrer le bout de leur nez ; et qui disait rats disait chats de la ferme, qui traquaient les rongeurs autant que les hautes herbes – on ne sait jamais avec les chats. Je ne parlais aucune de leurs langues, mais grâce à mes observations, je commençai à comprendre l'amitié qu'exprimait le souffle des chevaux, le gloussement des poules affairées lors de la ponte, le ronronnement et la langue râpeuse d'une chatte tigrée. Je restais allongé paisiblement jusqu'à ce qu'une créature s'installe près de moi pour profiter de ma chaleur, et nous nous contentions d'être, rien de plus, deux êtres dans le maintenant du grand univers. C'étaient de bons moments, le signe annonciateur d'une amélioration.

La chatte tigrée avait un comportement étrange. Elle ramassa des feuilles, des écorces et des plumes et se cacha quelque part entre les arbres. Lorsque j'entendis plusieurs miaulements, je compris. Une chatte tigrée toute fine se frotta contre moi, hulula et s'élança pour faire un brin de chasse. Je compris que le hululement signifiait : « Surveille-les pour moi ». C'était une évidence ! Aucun loup ne s'approcherait de mon troupeau en constante expansion, constitué de chats, de chatons, de poules et de chevaux. Après tout, deux cents ans de Soum de Gaia coulaient dans mes veines, et peut-être cela comptait-il pour quelque chose.

À partir de cet instant, chaque fois que Chatte Tigrée quittait ses petits, se frottant contre moi en étirant ses membres avant la chasse, je redoublais de vigilance. Un aboiement ou deux suffisait à dissuader les prédateurs, à leur montrer qui j'étais et les faire fuir. Mais certains étaient plus furtifs que d'autres. J'avais déjà pourchassé un renard au crépuscule, qui pensait pouvoir se servir parmi les poules et ne s'était pas laissé décontenancer par mes avertissements. La créature cruelle approcha de mon territoire en décrivant des cercles vifs, lançant son aboiement aigu depuis dix endroits différents à la fois. Crédule et un peu sot, j'allais systématiquement jusqu'au bout de ma chaîne dans chacune de ces directions, lui aboyant ce que je lui ferais subir s'il s'approchait trop près. Ainsi, il prit ses repères et comprit exactement quelles étaient mes limites. Puis il se faufila, à peine hors de portée de ma chaîne, provoquant une débandade de caquètements et de plumes tandis que les poules se battaient pour rejoindre leurs perchoirs dans les arbres. Aboyant comme un forcené je vis, impuissant, sa mâchoire claquer autour d'une poule brune, qui gémissait toujours dans la gueule du renard lorsqu'il disparut en l'emportant dans les ténèbres.

J'appris dès lors à ne pas montrer que j'étais enchaîné, mais à rester dans la même position tout en aboyant pour laisser planer le doute. Il était peu probable que les loups et les ours descendent des hautes montagnes, mais le cas échéant, j'étais prêt. Je répétais mes mouvements, courais sur toute la longueur de ma chaîne et me dressais sur mes pattes arrière pour affronter mon adversaire invisible, tandis que les poules se dispersaient autour de moi, prises de panique. Je fis pousser des pointes imaginaires à mon collier – à l'extérieur – et ma chaîne devint une arme supplémentaire à mon armure, si bien que je parvenais parfois à la porter avec fierté. « Je suis le gardien », rugissais-je en secouant toute ma crinière de poils blancs qui avait encore poussé depuis ma mue du printemps. Me répondaient alors des gémissements, des hurlements, des miaulements, des caquètements et des coin-coin – oui, des canards avaient rejoint le troupeau, pataugeant dans une flaque de pluie si bien que leurs pattes palmées eurent tôt fait de la changer en boue.

Au crépuscule, l'heure pourpre, le moment des contes, se croisaient les créatures du jour et les créatures de la nuit. C'était à ce moment-là que les uns mangeaient les autres, et je devais rester vigilant. Parfois, je devais interrompre mes discussions avec Snow pour envoyer un avertissement dans l'obscurité, et mes sens guettaient le danger, toujours sur le qui-vive. Un soir, alors que Snow me parlait de ses projets et des tricheries aux concours, mon sixième sens perçut un battement d'ailes. En moins de temps qu'il ne faut pour appeler au secours, l'un des chatons avait cédé à la panique et s'était élancé à découvert, miaulant tandis que le froissement d'ailes de la chouette se rapprochait et que les grandes serres descendaient déjà en position de crochetage. Le cri de la Chatte Tigrée m'apprit qu'elle était de retour, mais encore trop loin. Je poussai un rugissement en direction de la chouette : « Non ! » et je me ruai vers les deux formes, faisant claquer mes dents en direction du visage blanc rivé sur sa proie. Le chaton était tout tremblant à mes pieds lorsque, devant soixante-dix kilos de patou en colère, la chouette freina sa descente et réussit le décollage le plus vertical que j'aie jamais vu. Septimus aurait été dans son élément et il aurait étudié la chouette, mais toutes mes pensées étaient tournées vers la petite. Je la pris délicatement dans ma gueule, par la peau du cou, et je revins à pas feutrés vers le refuge où je la déposai entre mes pattes.

C'est ainsi que Chatte Tigrée nous découvrit. Je léchais sa petite fille, qui s'était déjà remise de sa frayeur et donnait de petits coups de griffe contre mes pattes. L'instinct maternel est toujours le plus fort de tous quand il est combiné à la peur de la perte, et une puissante odeur d'angoisse et de soulagement se dégageait de la mère qui plongea entre mes grosses pattes. Elle souleva son rejeton en ronronnant, avant de la frapper rudement pour la punir de son imprudence. J'écopai à mon tour de quelques feulements et crachats, qu'elle m'en voulût d'avoir laissé la chouette s'approcher ou d'avoir tenté de toucher son chaton, ou simplement parce que j'étais là et que siffler lui faisait du bien – je l'ignore. Mais j'eus aussi droit à une double dose de frottements et de ronronnements, qui me fut accordée avant que la Chatte Tigrée n'emporte sa fille jusqu'à leur tanière sous les arbres en la réprimandant vertement.

À partir de ce jour-là, Petite Tigrée me rendit visite, glissant ses minuscules griffes dans ma fourrure et passant sa langue râpeuse sur les nœuds qu'elle y trouvait. Elle était le portrait craché de sa mère, qui regardait nonchalamment la prunelle de ses yeux frapper un patou sur la truffe avant de détaler. Ces derniers temps, les cinq chatons commençaient à faire des apparitions bondissantes hors de la tanière. Quand Petite Tigrée se précipitait vers moi, les autres formaient un groupe prudent derrière elle, les yeux écarquillés, se dispersant comme des poules si je me levais ou leur faisais : « bouh ! », pour se regrouper un peu plus loin et revenir vers moi à petits pas circonspects. C'est un privilège de voir grandir des petits, de redécouvrir le monde à travers leur curiosité et leur surprise, de sentir la vie bouillonner dans leurs minuscules corps lorsqu'ils rassemblent leur courage pour vous donner une tape avant de fuir en hâte, revenant chaque fois un peu plus téméraires. Et si l'un de ces petits devient votre ami en grandissant, c'est là un trésor que la vie vous offre. Je ne savais pas quoi faire de la première souris morte que Petite Tigrée m'apporta, mais je lui donnai néanmoins un grand coup de langue, car elle faisait partie de ma meute. Et même si elle s'aventurait de plus en plus loin et vivait ses propres découvertes au-delà de mes horizons, quand elle revenait il y avait toujours un endroit chaud pour elle contre mes flancs ou, comme elle l'avait appris dès le début, entre mes pattes.

Bientôt, l'absence de chaleur commença à se faire sentir, surtout pour les autres animaux qui n'avaient pas mon long pelage à l'épreuve des intempéries. On apercevait les premières neiges sur les sommets bien que l'on fût encore en automne, et nos nuits devenaient plus fraîches, piquantes et étoilées. À l'aube, du givre scintillait tout autour de nous. L'abri devint très populaire et les poules un peu moins ; le sol sous leurs perchoirs, dans la remise, était recouvert d'une épaisse couche de fientes qui sentait l'acide concentré et vous collait du noir aux pattes si vous marchiez dessus malencontreusement, faisant de la moitié du hangar un espace à proscrire. Les chats redescendirent vers la ferme et son feu. Mon éleveuse attacha des couvertures sur le dos des chevaux.

Et un soir, la magie opéra.

— Il neige ! aboyai-je à l'heure du conte.

— Il neige ! répondit Snow d'une voix enjouée.

Elle m'épargna les détails des bagarres amicales dans les congères, où les patous se bousculaient dans l'épais manteau blanc, et nous partageâmes les plaisirs que je connaissais aussi, comme les joies solitaires de sauter pour recevoir les flocons sur sa langue, de voir ses propres empreintes de pas, de se rouler dans un frisson. Avec la neige, nous redevenions des chiots et j'avais envie d'avoir une compagne de jeu, mais ma sœur n'avait jamais réussi à réitérer l'exploit de son évasion ; elle avait beau s'y employer, elle ne parvenait pas à franchir le ruban orageux.

Le ravissement des premières chutes de neige s'atténua pour n'être plus qu'un plaisir familier quand la neige s'installa pour de bon... L'hiver était arrivé et si j'aimais le froid, les amis qui étaient rentrés à la ferme me manquaient, surtout Petite Tigrée. Une fois de plus, je m'adaptai au nouvel instant présent de ma vie, regardant les créatures de la forêt auxquelles la faim faisait perdre toute timidité et qui grattaient la neige à la recherche de vers et de larves, ou suivaient des traces dans le vaste désert blanc. Leurs yeux luisaient dans le noir, mesurant ma force avant de décréter avec sagesse que ma nourriture n'était pas à dérober. Les baies se faisaient rares et disparaissaient en une nuit lorsqu'une nuée d'oiseaux les découvraient avant de s'en aller. Plus personne ne pouvait se cacher dans l'immensité blanche, aucun lièvre ni aucun renard, mais personne non plus ne pouvait courir bien vite. L'avantage revenait aux animaux du ciel et les grands rapaces sillonnaient les airs, libres et sans entrave. L'objectif était le même, mais les règles avaient changé et tout le monde s'y ajustait, contraint par le froid et la faim.

Quant à moi, je ne ressentais ni l'un ni l'autre et je restais allongé dans la neige en regardant mes montagnes étaler leurs habits d'hiver. Les sommets étaient tantôt étouffés et sombres quand la neige tombait – puis d'une blancheur éclatante dès le lendemain sous les reflets bleutés du ciel – tantôt teintés de rouge à l'aube et au crépuscule, baignant le paysage de sang. Vous pouviez vous sentir tout petit et vous recroqueviller dans l'ombre des montagnes, ou bien vous tenir droit, rejeter la tête en arrière et faire partie intégrante du paysage grandiose. Conscient de la légitimité ancestrale de votre présence en ces lieux, vous les laissiez alors couler dans vos veines.

L'hiver m'emmitouflait dans sa blancheur infinie, à tel point que la fonte me prit par surprise. Une minuscule fleur pointa sa tête fragile dans la neige fondue, bien vivante et attirée vers le haut, le premier combat dans la guerre annuelle du printemps contre l'hiver. Petite Tigrée et les autres chats réapparurent. Pour moi, elle serait toujours Petite Tigrée, mais bien sûr elle était à présent aussi grande que sa mère. Ses ronronnements vibraient dans tout mon corps lorsqu'elle jouait toujours au chaton entre mes pattes.

Ce fut pendant l'une des dernières représailles de l'hiver que Snow m'apprit la mort de Mère. Elle était dans sa huitième année, ce n'est pas vieux, mais nous autres les grands chiens mourons jeunes. D'après le vétérinaire, son utérus était infecté et elle n'aurait pu être sauvée que si son humaine la lui avait amenée dès les premiers symptômes. Elle aurait alors dû subir une intervention chirurgicale d'urgence qui aurait pu se solder par une réussite ou un échec.

Ainsi l'endroit chaud dans lequel nous avions grandi avant la naissance et qui nous avait introduits dans ce monde était devenu toxique. Snow et moi lui chantâmes un adieu approprié, contâmes l'histoire des Soum de Gaia et en accueillîmes une de plus au panthéon de nos ancêtres, mais ce que vous n'éprouvez pas, vous ne l'éprouvez pas. Elle ne m'avait jamais pardonné, et je ne la connaissais pas. Snow semblait en tirer parti et sa voix vibrait de l'autorité d'un chef, la dominante des Soum de Gaia. Vous autres, les humains, pensez qu'un chef de meute est nécessairement un mâle. Pas toujours. Il existe de nombreux exemples de femelles douées d'excellentes aptitudes à diriger, calmes, fermes, impartiales, et je savais mieux que quiconque que si un défi d'ordre physique survenait, Snow saurait montrer ses petites dents avec une telle hargne que ses juges de concours en resteraient stupéfaits. Reine de beauté et chef, elle avait tout pour elle. Et cette assurance était accompagnée d'une sensation de bien-être dans sa propre fourrure. Ce n'était donc qu'une question de temps avant que les prochaines nouvelles me parviennent.

D'abord, il y eut le non-événement de mon deuxième anniversaire. Snow me suggéra au crépuscule que nous fassions quelque chose de spécial.

— Je ne vois pas ce que je peux faire au bout d'une chaîne, lui dis-je.

— Alors détruis quelque chose, répondit-elle – du Snow tout craché.

Ce fut donc ce que je fis. Je détruisis un coin de la remise, déjà endommagé par la neige (pratique, songeai-je) et lorsque j'eus creusé un trou au travers, je pris des planches pourries entre mes dents et les mâchonnai, savourant la moisissure et le moelleux du bois délabré.

— La pourriture aura tout affaissé ! Mais je ne comprends pas comment ça a pu arriver aussi vite ! commenta mon éleveuse le lendemain. Si tu étais un autre chien, je croirais que tu as quelque chose à voir là-dedans, mais tu n'es pas du genre destructeur...

Ainsi j'avais deux ans. Comme Snow. Seulement deux ans.

— J'étais bien trop jeune pour être présentée à Tarquin la dernière fois, remarqua Snow. Mais bien sûr, je ne m'en rendais pas compte. Encore un exemple de la cupidité de notre éleveuse.

— Dans ce cas, tu étais trop jeune pour Rockie aussi, plaisantai-je.

— C'est différent, fit-elle comme je m'y attendais, avant d'ajouter d'une voix où l'on devinait encore la toute jeune chienne qu'elle avait été : tu ne peux pas comprendre.

Il y eut un silence, puis elle me dit :
— Marc viendra.
— Quelqu'un viendra, lui aboyai-je en retour.

Ma foi s'était flétrie, passant d'une assurance lumineuse à une ridicule petite noix, certes incassable, mais qui ne me donnait rien.

La nouvelle saison des concours et des ragots commença et je remarquai qu'un mâle en particulier obtenait des critiques dithyrambiques – et pas uniquement de la part des juges. Ce n'était, comme je le disais, qu'une question de temps. Snow était de plus en plus souvent absente à l'heure du conte et elle semblait distraite et songeuse lors de nos échanges. Sa contribution la plus fréquente était : « Pardon, que disais-tu ? Je n'écoutais pas. »

Ce fut donc sans surprise que je sentis son excitation dans le vent, un jour, et qu'elle m'annonça d'une voix fatiguée :

— Je l'ai fait, Sirius, dix chiots ! Tu es oncle !

Je contemplai longuement les étoiles ce soir-là et ma chaîne m'irrita plus qu'elle ne l'avait fait depuis bien longtemps. Je songeai aux chatons qui grandissaient et aux chiots de Snow que je ne verrais jamais. Mais j'étais un chien, pas un humain, j'avais mes oreilles et ma truffe, et dès qu'ils purent japper, Snow apprit à ses chiots les histoires d'Oncle Sirius, des contes sur les rivalités et les amitiés fraternelles, et sur l'absurdité des lapins bleus et verts.

— Certaines choses ne changent pas, me dit leur mère. Et tu ne devineras jamais, Sirius. Deux de mes garçons sont les copies conformes de Stratos et toi.

Peut-être était-ce son imagination de sœur, à moins que ce ne fût vrai. Peut-être deux visages de la famille avaient-ils marqué le patrimoine génétique pour réapparaître dans cette nouvelle génération. Je leur souhaitais bien de la chance.

CHAPITRE DIX-HUIT

Ce fut ainsi que la première portée de Snow se joignit à nous à l'heure du conte jusqu'à leur Sélection. Snow faisait preuve d'une fierté farouche dans la maternité comme dans toute autre chose et aucun de ses chiots n'avait le droit de dépasser les limites qu'elle fixait. Elle transmit toutes les vieilles histoires familiales, la noblesse des Soum de Gaia, mais elle transmit aussi quelque chose de plus important encore. Si stricte qu'elle fût avec sa progéniture, elle ne pouvait masquer l'élan d'affection qui la submergeait à la seule odeur douce et propre de paille chaude que ses bébés dégageaient, le tapotement d'une petite patte ou l'innocence de leurs adorables visages endormis dans un empilement de chiots. Après chaque Sélection, Snow courait autour du terrain, lançant dans les airs ses dernières recommandations, avant d'abonder à l'heure du conte de récits et d'aventures au sujet de chacun de ses petits trésors.

— Tu vois, lui disais-je lorsqu'elle me transmettait des nouvelles de tel ou tel chiot, dont la famille avait envoyé une photo ou des anecdotes à notre éleveuse. S'ils ne partaient pas dans le monde, ils ne vivraient jamais leurs propres aventures, et tu n'aurais pas toutes ces histoires à me raconter.

Snow avait elle aussi des histoires personnelles, à propos de ses voyages, ses concours et tous les gens qu'elle rencontrait. Ce fut un grand moment pour les Soum de Gaia lorsque Savoie-Fer, désormais Champion de France et d'Espagne, fut éligible à l'exposition Crufts et s'y rendit. Il aurait été fier des réjouissances qui eurent lieu dans les Pyrénées quand nous apprîmes qu'il avait remporté non seulement le prix du Meilleur Mâle, mais également du Meilleur de sa race. Snow m'avait expliqué tous les termes, que j'avais toujours un mal de chien à comprendre. Je me fiais à son jugement et si elle me disait : « Il faut s'en réjouir », alors nous nous réjouissions. Et qu'à cela ne tienne si mon éleveuse découvrait qu'un autre morceau de la remise s'était mystérieusement autodétruit.

— Bien sûr, il n'a pas gagné le prix du Meilleur de l'exposition, m'expliqua Snow. Les patous ne gagnent jamais. Même le patou le plus pomponné et apprêté joue dans une ligue différente de la plupart des chiens de concours.

— Une ligue à part.

— Exactement. Comment pourrait-on comparer un patou et un loulou de Poméranie ?

— Peut-être qu'un jour...

— Pas de notre vivant, Sirius, pas tant qu'ils ne changeront pas leur mode de recrutement des juges. Même avec des juges spécialistes, c'est toujours la même chanson pour le prix du Meilleur de Race – mâle, mâle et encore mâle. Les mâles sont plus grands alors les mâles sont meilleurs, plus patous que nous autres les femelles. Non, ils ne jugent pas ce qui se trouve en face d'eux, ils cherchent ce qu'ils ont déjà déterminé dans leurs têtes. Les préjugés sont rois. Et je peux te dire qu'ils n'ont qu'à voir certains noms – oui, y compris Soum de Gaia – pour penser directement : « Hmm, je ne peux pas me tromper si je choisis celui-ci », à moins bien sûr que l'éleveur se soit disputé avec eux et les ait agacés – dans ce cas, ils changent d'avis ! Et plus d'un juge se laisse séduire par un joli visage et un beau sourire – chez le propriétaire, pas le chien ! Ne me lance pas sur ce sujet. Si ce n'était pour mes chiots et leur avenir, j'enverrais au diable les concours, mais voilà…

Snow n'était pas seule à découvrir la maternité. Petite Tigrée avait disparu à la fin du printemps et quand j'avais entendu les miaulements, j'avais compris que ce n'était plus qu'une question de temps avant qu'une petite bande de voleurs et de chenapans rayés viennent jouer à « embête chien » sous la surveillance de leur mère. Petite Tigrée elle-même réclamait toujours la primeur d'une place contre mon corps et, comme elle était prise en exemple, ses chatons étaient les plus intrépides que j'aie jamais connus. Ils se balançaient maladroitement sur ma queue si je me levais, ou lâchaient un « oups » contrit quand ils me griffaient en croyant attraper une mouche posée sur ma truffe.

Le temps s'écoula lentement. Trois portées de chiots mis au monde par Snow participèrent à l'heure du conte avant de quitter la ferme. La joie de Snow résonna dans les montagnes quand une petite fille fut choisie par son humaine pour rester, et Ulla ajouta sa petite voix au crépuscule. Quatre portées de Petite Tigrée découvrirent des endroits, sur le corps d'un chien, où des chatons ne devraient vraiment pas enfoncer leurs griffes.

— Joyeux troisième anniversaire, petit frère.

J'avais oublié que je portais une chaîne, j'avais oublié ma famille d'autrefois, mais cette boule dure, cette noix persistait dans mon estomac. Elle me rappelait que j'attendais quelque chose, que j'observais la vie des autres sans toutefois vivre la mienne. Je crois que j'étais résigné, il en était ainsi. On pouvait passer toute sa vie à attendre en essayant d'en tirer le meilleur parti. Ma jeunesse était derrière moi.

Ce fut donc un choc lorsque, après avoir déjà vu mon éleveuse ce matin-là pour ma ration de nourriture, j'entendis deux voix gravir ma colline.

— Je m'occupe de lui depuis près de trois ans maintenant, et je peux vous dire qu'aucun autre éleveur ne ferait ça pour un chien. Vous le faites pour un et tous les propriétaires irresponsables croient qu'ils n'ont qu'à ramener leur chien quand ils en ont assez, comme on ramènerait des vêtements au magasin.

Toujours la même rengaine. Je m'allongeai de nouveau.

— Eh bien, je ne peux plus le garder. C'est une ferme en activité et nous avons besoin de tout le terrain.

— Avez-vous essayé de lui trouver un foyer ? fit une voix mélodieuse, féminine et chaude, qui masquait visiblement le fond de ses pensées.

— Bien sûr, nous avons essayé. (Grand soupir.) Mais les gens veulent des chiots. Et je suis honnête, quand on me posait des questions à son sujet, je disais qu'il avait mordu un enfant. C'est pour cette raison qu'il était à la SPA, vous savez. Dès qu'ils m'ont contactée, j'ai accouru pour le sauver. Mais je dois m'occuper de mes propres chiens et...

— Alors parlez-moi de lui, reprit la voix, un brin plus froide.

— C'est un beau chien, un Soum de Gaia, bien sûr. Je suppose que vous êtes familière avec notre pedigree ! Ses premiers propriétaires se sont séparés et les seconds ont sans doute été trop doux avec lui. Il faut avoir une main de fer dans un gant de velours avec les Pyrénéens, vous savez. Il faut être ferme.

— C'est ce qu'on ne cesse de me dire.

— J'avais oublié, vous connaissez l'élevage bien sûr. En possédez-vous un ?

— Un chien de trois ans que j'ai adopté et un chiot patou noir.

Un rire argentin lui répondit.

— Oh, je suis désolée, mais ce doit être un terre-neuve. Un patou noir, ça n'existe pas.

— Elle est unique en son genre. Son père n'a jamais été identifié, mais elle ne semble avoir hérité de lui que sa couleur – c'est un pur patou. Un patou noir.

Un reniflement se fit entendre.

— Eh bien, Sirius est un bon gardien, merveilleux avec les autres animaux. Il vit avec les chevaux, les chats et même les poules.

Mon cœur se serra. Je voyais déjà la nouvelle affiche de la SPA : « Sirius, chien de montagne des Pyrénées, 4 ans. Bon avec les animaux. » Avais-je réellement quatre ans ?

— Il ne convient pas pour un foyer avec des enfants, bien sûr.

Bien sûr.

— Et je crois que vous le trouverez assez sociable, même s'il n'a vu personne à part moi depuis quelque temps...

— Combien de temps au juste ?

— Eh bien... voyons... près de trois ans en fait.

Il y eut un long silence glacial.

— Et comment est-il avec les autres chiens ?

— Évidemment, je n'ai pas pu le laisser avec mes chiens...

— Évidemment.

— ... mais en principe, il n'y a aucun problème.

J'aperçus enfin les deux silhouettes et je ne pus me retenir. Même si elle venait de la SPA, même si cela signifiait la folie dans une cage, elle sentait le chien heureux et ma queue remua d'elle-même quand je la vis. Dès qu'elle se fut approchée, elle ouvrit les bras et dit :

— Viens mon grand, viens !

Je n'avais pas besoin qu'on me le dise deux fois. Je sautai vers elle, posai mes pattes sur ses épaules, lui léchai le visage et elle ne sembla pas déconcertée le moins du monde. Elle éclata de rire, me gratta derrière les oreilles et me souffla dessus à la façon des chevaux. Elle se remit à rire lorsque je secouai la tête et poussai un aboiement en me tenant bien droit. Je me plaçai en position de jeu et elle tapa des pieds. Lorsque je bondis, elle recommença. Elle recula en courant et je m'élançai vers elle. Brusquement, la chaîne m'arrêta. Je me contentai donc de la regarder, incapable de me rapprocher. Sa bouche devint une fine ligne pincée lorsqu'elle posa les yeux sur la chaîne.

Mon éleveuse émit un gloussement nerveux et dit :

— Je ne voudrais pas qu'il s'échappe. Je vous ai dit que je prenais mes responsabilités très au sérieux. Il peut atteindre la remise pour se mettre à l'abri, il a de quoi manger et de quoi boire, et c'est naturel pour un patou de surveiller son troupeau sur la colline. Je crois que c'est ainsi qu'il considère les autres animaux.

Petite Tigrée choisit cet instant pour me rendre visite et je penchai automatiquement la tête pour la laisser se frotter contre moi en ronronnant. Je lui donnai un coup de langue, puis elle repartit vaquer à ses affaires de chat.

— Oh, comme c'est adorable ! s'exclama la femme.

Si son ton était glacial une fois sur deux, avec moi elle se montrait cordiale.

— Alors vous allez le mettre sur le site web d'entraide ? demanda mon éleveuse, qui avait retrouvé sa voix de vendeuse.

— Bien sûr ! La question ne se pose pas.

— J'ai conscience qu'il est trop vieux et qu'il y a peu d'espoir, mais au moins il aura eu sa chance. Et je ne peux pas le garder indéfiniment...

— Je comprends tout à fait ce que vous me dites.

Sa voix était de glace.

— Je ne pense pas qu'il faille être aussi pessimiste. Il y a beaucoup de bonnes raisons qui peuvent pousser un chien à mordre. Bien sûr, je suis d'accord qu'il est trop risqué de le confier à une famille avec enfants, mais les foyers ne manquent pas. Et il y a des avantages à avoir un chien plus âgé. D'abord, il sait se tenir dans une maison.

Le doute s'installa.

— N'est-ce pas ?

— Eh bien, c'était le cas, répondit précautionneusement ma propriétaire, mais il n'a pas été dans une maison depuis... un bout de temps.

— Je vois. Bref, en tout cas il a dépassé le stade de chiot.

— Oh, oui, et il n'est pas du tout destructeur, du moins pas ici... termina-t-elle sans grande conviction.

Je recevais les habituelles caresses dans le dos lorsque soudain – oh, quel bonheur ! – le côté de mon visage fut effleuré, délicatement, du museau jusqu'à l'oreille le long de ma fourrure, exactement comme je l'aimais.

— Je le prendrais pour moi si je le pouvais... mais c'est impossible, pas pour le moment, pas avec un chiot à élever... je peux prendre une photo ?
— Allez-y.
— C'est toujours utile d'avoir une photo. Avec un nom.

« Et une histoire très triste », songeai-je. Oui, je connaissais la routine. Je regardai bien droit vers l'appareil photo. « Lis cette bien triste histoire », dis-je à la machine lorsqu'elle émit un déclic et un petit vrombissement.

J'eus alors la faveur d'un dernier câlin et j'en profitai au maximum, laissant mon aroundera dire tout ce que mes yeux n'avaient pas déjà exprimé.

— Je trouverai quelqu'un pour toi, Sirius, je te le promets.

Je lui léchai le visage. Sans doute s'agissait-il juste d'une autre promesse d'humain à ajouter à ma collection. Elles redescendirent ensuite la colline.

— Et les vaccins ? demanda la femme.
— Il n'en a pas besoin là où il est...
— Donc vous dites qu'ils ne sont pas à jour ?
— En quelque sorte... vous n'avez pas idée à quel point c'est difficile d'être éleveur. La semaine dernière, quelqu'un a essayé d'obtenir un chiot gratuitement, en me disant que le sien, un petit de ma dernière portée, était mort du parvovirus, mais quand j'ai appelé le vétérinaire, j'ai appris qu'ils voulaient le faire piquer car il boitait un peu – comme c'est souvent le cas chez les patous quand ils entrent dans leur phase de croissance principale. Le vétérinaire a refusé l'euthanasie et lui a trouvé un foyer, et bien sûr j'ai envoyé balader le couple, mais on ne peut plus faire confiance à personne de nos jours. Tout ce qui les intéresse c'est l'argent, l'argent, l'argent...

Je balayai du regard mes animaux et mes montagnes, et mon estomac se serra. J'avais oublié l'effet que faisait la proximité d'un humain, et à présent que le souvenir se réveillait, la douleur revenait avec lui. Je ne pouvais pas rester ici, avait dit mon éleveuse. J'allais devoir dire au revoir aux montagnes, à Petite Tigrée, à Snow et à Ulla. Et je devais affronter la vérité ; personne ne viendrait me chercher. Ou pire que personne. J'allais retourner à la SPA. J'avais quatre ans et je savais ce que la SPA pensait des chiens de plus de cinq ans. Tel était donc mon avenir.

Quand vous autres, les humains, savez que vous allez perdre quelque chose, vous réagissez de deux manières différentes. Soit cette chose devient deux fois plus précieuse à vos yeux, soit vous l'abandonnez complètement et ne pouvez plus en profiter car vous savez que vous allez la perdre. Les chiens choisissent toujours la première option. Si vous voyez le plus grand chien du monde qui s'approche de vous d'un pas pesant et en grondant, les yeux rivés sur votre os, ces derniers coups de dent sur votre trésor seront les moments les plus satisfaisants que vous aurez jamais vécus avec lui.

J'archivai comme un trésor dans ma mémoire chaque ronronnement et frottement de tête, chaque ombre de nuage sur une montagne, chaque histoire au crépuscule. Même lorsque le vent se levait, troublant la quiétude sous un ciel assombri qui se déployait depuis des sommets invisibles, et que l'orage d'été déchirait le ciel par ses zigzags de lumière fugace avant un rugissement qui ébranlait non seulement mon abri, mais toute la colline, même dans ces moments-là je n'avais pas peur. Au contraire, je répondais au tonnerre en me dressant sur mes pattes arrière, les yeux fermés sous la pluie torrentielle qui tombait comme des pierres et me frappait le museau. Je faisais corps avec la tempête, avec le paysage, les Grandes Pyrénées. Que pouvais-je craindre de cette étrange lumière qui illuminait brièvement les environs avant de s'éteindre comme si une immense ampoule avait clignoté dans le ciel ? De quoi pouvais-je encore avoir peur ? Que pouvait-il y avoir de pire que ce qui m'attendait ?

Je me remémorai ma vie d'avant. Quand je m'asseyais sur les genoux de Marc dans sa chaise longue du jardin, mes jambes touchant le sol au fur et à mesure que je grandissais. Puis le jour où Marc se hissa dans un nouveau siège, tendu entre deux arbres. Je sautai sur ses genoux comme d'habitude, mais le siège nous renversa tous les deux et Marc se retourna comme une crêpe pour atterrir face contre terre. Un jour, Marc et la vétérinaire me poursuivirent dans tout le cabinet car je ne voulais pas la laisser inspecter mes oreilles. Un autre soir, Marc m'avait sorti pour un dernier pipi et la porte avait claqué, nous enfermant dehors tous les deux. Il n'avait pas osé réveiller Christine, alors nous avions passé la nuit sous la haie, à la belle étoile – jusqu'à ce que le ciel se couvre et qu'il se mette à bruiner. Nous étions trempés lorsque nous nous faufilâmes à l'intérieur le lendemain matin, après que Christine eut déverrouillé la porte. Marc s'était rué dans la chambre, ni vu ni connu, pour enfiler des vêtements et prétendre que nous revenions d'une promenade matinale. Je me rappelai les petits plaisirs du quotidien. Quand Marc ou Christine lançait : « Apéritif ! » J'accourais dans la cuisine et les trouvais devant un grand placard froid. Ils appuyaient sur un bouton, puis après un vrombissement et un tintement, des glaçons tombaient dans leurs mains. Un par un, ils me les mettaient directement dans la gueule.

Enfin, je me souvins de Stratos, de sa trahison. Les humains aiment raconter cette histoire très ancienne, dans laquelle un prince part à la chasse et laisse son fidèle chien veiller sur son fils nouveau-né, qui dort paisiblement dans son berceau. Lorsque le prince revient, le chien l'accueille, couvert de sang, et le bébé a disparu. Le prince passe son chien au fil de l'épée, puis lorsqu'il s'avance dans sa propriété, il découvre le bébé, indemne dans son berceau, avec à côté de lui le cadavre d'un loup, tué par le fidèle chien de chasse. Désespéré, le prince est alors contraint de regarder son chien mourir. Pourquoi les humains aiment-ils tant cette histoire ? Pourquoi ne la comprennent-ils pas mieux ? Et pourquoi ne prennent-ils pas conscience que si le chien avait été Stratos ou moi, ou n'importe quel patou digne de ce nom, le loup ne se serait même pas approché du bébé ?

Stratos avait posé la patte sur quelque chose qui restait encore confus dans ma tête. Il était parvenu à comprendre ce que tous les chiens recherchaient. Mais bien sûr, Stratos étant ce qu'il était, il ignorait qu'il l'avait compris et c'était désormais à moi de réfléchir à sa place à ce dernier cadeau qu'il m'avait fait. La mémoire, le dernier don de l'amour. Il avait dit quelque chose qui ne cessait de trotter dans ma tête comme un tonnerre qui gronde au loin sans jamais que l'orage n'éclate. Qu'était-ce donc ?

J'étais en train de méditer à ce propos lorsque j'entendis à nouveau deux voix. Le moment était venu. Je faillis gémir, mais j'étais bien déterminé à me montrer fier. Je tendis l'oreille.

— Bien sûr, vous avez entendu parler des Soum de Gaia. Nous avons de nombreux champions dans cette lignée. L'un de mes garçons, Savoie-Fer, est actuellement

Champion de France et d'Espagne et il a remporté le prix du Meilleur de Race à l'exposition Crufts. C'est le frère de Sirius... Donc vous me disiez que vous aviez lu les détails à propos de Sirius sur le site web d'aide aux animaux ?

— Oui.

Un seul mot et mon cœur fit une pirouette encore plus fulgurante que le hamac de Marc. Je connaissais cette voix. Quelqu'un était venu pour tenir sa promesse.

CHAPITRE DIX-NEUF

Si j'avais été enthousiaste lorsque la première femme était venue, ce n'était rien en comparaison avec l'accueil spectaculaire que je lui réservai. Lorsque je courus vers elle, mon aroundera était si haute que je crus que mon arrière-train allait se soulever. En atteignant enfin ma cible, je bondis sur mes pattes arrière et ma langue salua chaque parcelle de peau nue que je pus trouver, tandis que j'aboyais : « Pourquoi as-tu mis aussi longtemps ? » avec une telle excitation que je manquai de m'étrangler.

— Izzie, me chuchota cette voix familière au creux de l'oreille. Oh, Izzie.

— On croirait qu'il vous connaît, remarqua mon éleveuse.

— Hmm, fut la réponse évasive qu'elle obtint.

On reposa doucement mais fermement mes pattes avant sur le sol et une main glissa sous mon menton pour me caresser et me gratter. Je n'arrêtais pas de gémir et de tourner en rond, ma queue remuant si fort qu'elle était à deux doigts de se détacher en tournoyant.

— Pouvez-vous lui retirer cette chaîne, s'il vous plaît ?

Sa voix illustrait parfaitement ce que signifiait une main de fer dans un gant de velours et mon éleveuse resta un instant interdite. Elle finit par obéir à l'ordre à peine déguisé et, pour la première fois depuis des années, je fus libre. Libre de parcourir un millier de kilomètres dans la montagne. Pourtant, vous savez ce que je fis, n'est-ce pas ? Je continuai de tourner en rond, décrivant des cercles plus petits encore que la chaîne ne me l'avait jamais imposé. J'étais déjà là où j'avais le plus envie d'être et mon cœur était désormais sans entraves.

Elle avait changé, ma princesse. Elle était plus fine et elle paraissait plus grande, même si c'était sans doute une illusion. Son énergie était mieux contenue et il se dégageait d'elle une sérénité qui la rendait encore plus rayonnante. Comme avant, il y avait si longtemps, elle s'accroupit et me tendit les bras, tenant un collier à maillons et une laisse.

— Izzie, ronronna-t-elle, viens ici mon petit bonhomme, mon beau chien.

Une fois de plus, ses yeux m'attirèrent vers elle et je soutins son regard. J'étais paisible lorsqu'elle me passa le collier et la laisse.

— Vous ne devriez pas le laisser vous regarder dans les yeux comme ça. C'est la manière qu'ont les chiens de vous mettre au défi, et avant que vous compreniez ce qui se passe, il vous aura mordue et rudoyée, voire pire.

— Il paraît, répondit Élodie sans détacher ses yeux des miens. Bon chien. Au pied ! ordonna-t-elle.

Je m'allongeai à ses pieds. Nous avions passé trop de bons moments à répéter ces ordres dans le terrain vague pour que je l'oublie – et la mine de mon éleveuse en valait la peine.

— J'essaie juste de vous prévenir d'être prudente... ces gros chiens ont besoin d'être menés à la baguette...

J'attendis l'inévitable, mais Élodie hésita et se ravisa.

— ... et comme vous le savez pour l'avoir lu sur le site d'aide aux animaux, il a mordu un enfant, je veux donc m'assurer que vous savez ce que vous faites. Comme je l'ai dit à Rescuemontagnes, vous me paraissez très jeune.

— J'ai vingt-deux ans, Madame Berin, j'ai un diplôme d'assistante vétérinaire. Je vis à la campagne avec mes parents, qui ont deux épagneuls et cinq mille mètres carrés de terrain. Pour mon anniversaire, mon parrain a offert de m'acheter un chien de pedigree, avec l'accord de mes parents, et c'était un chien de montagne des Pyrénées que je voulais.

La voix de mon éleveuse était redevenue mielleuse.

— Sans doute avez-vous regardé Belle et Sébastien quand vous étiez enfant... nous sommes nombreux à être tombés amoureux de Belle, en noir et blanc pour notre génération, mais pour la vôtre c'est bien sûr le dessin animé...

— Non, je suis tombée amoureuse de l'animal, pas d'un dessin animé.

Le regard qu'elle plantait dans mes yeux ne laissait aucun doute quant à l'animal auquel elle pensait.

— Excusez-moi de vous poser la question, mais si vous avez de l'argent à dépenser pour un chien, je ne comprends toujours pas pourquoi vous ne prenez pas un chiot. J'ai une portée exceptionnelle qui sera prête dans deux semaines.

« L'argent », songeai-je avec angoisse en décelant la voix spéciale qu'elle réservait à la vente. L'assurance que je lus dans les yeux noisette d'Élodie me rassura.

— J'emploie correctement mon argent, je vous remercie. Je ne vois pas l'intérêt de tout dépenser pour un chiot et de ne plus rien avoir pour le dresser convenablement. Sirius est le chien que j'ai choisi, pour des raisons personnelles, et j'utiliserai cet argent pour me rendre chez le meilleur éducateur canin de France et apprendre aux côtés de Sirius. Je compte devenir moi-même éducatrice canine, alors voilà qui répond à vos questions.

Élodie se tourna vers moi et dit :

— C'est bon.

Je me levai sur-le-champ.

— Bon, Madame Berin, nous avons quelques documents à signer, et comme la route est longue pour rentrer, nous partirons sans plus tarder.

J'avais l'impression de faire partie d'une procession lorsque je descendis de la colline avec Élodie et mon éleveuse. J'aboyai pour faire mes adieux aux poulets, aux chevaux, aux chats, surtout à Petite Tigrée bien sûr, mais je n'eus pas le temps d'éprouver l'émotion du départ. Au bas de la pente, nous nous dirigeâmes vers la grille, derrière laquelle ma sœur aboyait avec frénésie tout en décrivant des cercles.

— Je sais, me dit-elle, je sais, c'est merveilleux, je suis si heureuse pour toi.

— Je suis heureuse aussi, oncle Sizzie, jappa une jeune chienne.

Je m'arrêtai pour admirer la nouvelle génération de Soum de Gaia.

— Elle est très belle, dis-je à Snow, qui éprouva le besoin soudain d'enfouir sa tête dans le pelage parfait de sa fille en la mordillant doucement comme nous avons coutume de le faire pour nous nettoyer ou toiletter ceux avec lesquels nous partageons un lien spécial.

Ulla se dégagea et Snow leva les yeux.

— Encore une fois, je te souhaite bonne chasse, petit frère.

— Les choses ont changé, Snow. Cette fois, tu vas me manquer et ce seront dix tourtes volées dans la cuisine de la ferme qui me réchaufferont l'estomac chaque fois que je penserai à toi, digne chef des Soum de Gaia avec Ulla à tes côtés.

Les yeux de Snow pétillèrent d'amusement. Elle avait compris ma référence à ce moment de fougue, lorsque nous étions plus jeunes. Nous frottâmes nos museaux l'un contre l'autre, puis je fus entraîné dans la ferme pour les documents administratifs.

— Il est actuellement sous mon nom, déclara mon éleveuse.

Voilà qui était nouveau. Cela signifiait que Marc avait signé la décharge. Un coup de stylo vous donnait une famille, et un autre vous abandonnait. Ou pire. Je songeai à mon frère, à notre dispute pour savoir lequel de nous avait le meilleur maître, et je présentai mes excuses à Stratos. « Ex aequo, lui dis-je, aussi mauvais l'un que l'autre. » Ainsi, lorsqu'Élodie signa pour devenir ma famille, je n'éprouvai pas le même élan d'appartenance, la même confiance que la première fois. Certes, en sa présence, je ne doutais pas de son amour pour moi, mais j'avais déjà ressenti cela avant, n'est-ce pas ?

Un chien peut-il aimer plus d'une fois ? J'y ai longuement réfléchi. Après tout, les chiens sont réputés pour leur fidélité et leur loyauté, ils sont censés mourir avec leur maître – même si je dois bien avouer que je n'ai jamais rencontré de tels exemples dans la vraie vie, parmi les très nombreuses histoires que j'ai entendues. Non, la réponse ne fait aucun doute ; un chien peut aimer plus d'une fois, *mais*... C'est sur la nature de ce *mais* que vous autres les humains devez méditer un peu plus, car elle s'applique également à vous. C'est le même *mais* qui manquait sur nos papiers à la SPA. Ce *mais*, c'est notre passé, ainsi que tout ce qu'il a engendré en nous, bon ou mauvais. Les deuxièmes chances sont lourdes d'attentes, de craintes, d'habitudes et de réserves.

Élodie me parla d'une voix douce pour me faire monter dans la voiture. Là, mon éleveuse afficha son sourire le plus éclatant. Elle me souhaita en souriant à pleines dents : « Bonne chance, Sirius, avec ta nouvelle famille. » Si j'avais eu envie, par moments, de lui montrer moi aussi mon beau sourire plein de dents, je préférais éviter cette fois. Je ne voulais pas risquer d'en subir les conséquences, pour un instant de satisfaction fugace sans doute surestimé. Elle allait tout simplement rejoindre mon passé.

Quant à mon présent, je le vivais allongé sur la confortable banquette arrière de la voiture d'Élodie tandis qu'elle me faisait la conversation. J'avais oublié à quel point c'était agréable d'entendre quelqu'un vous parler, cette palette d'émotions qui donne toute sa saveur à la voix humaine, surtout quand j'étais le sujet de la discussion. Les paupières mi-closes, je me laissais bercer par le bourdonnement du moteur, les vibrations de la voiture, la circulation qui défilait et – Dieu merci – aucun parfum artificiel orange/vanille. Juste la jeune odeur d'Élodie et l'eau de toilette qu'elle portait, bois de santal et jasmin, plus adulte que son précédent parfum.

Élodie agita joyeusement la main en direction de mon éleveuse, alors que la voiture s'éloignait lentement.

— Quelle vache ! Je suis si furieuse que je pourrais crier, mais si j'avais perdu mon sang-froid là-bas, je ne t'aurais jamais récupéré ! Même à la dernière minute elle aurait pu changer d'avis et décider de te faire piquer. Ça l'aurait bien arrangé, propre et sans bavure. Elle aurait tiré toute la gloire de s'être occupée de l'un de ses anciens chiots, que des propriétaires inadaptés ont soi-disant rendu méchant, sans prendre le risque que tu salisses sa réputation en te renvoyant vivre quelque part.

« Et cette chaîne ! C'est exactement comme Sara me l'avait dit. Ton corps vaguement maintenu en vie par le strict minimum, mais ton âme en enfer. Quel regard triste ! Oh, Izzie, je t'avais promis que je viendrais te chercher et je n'ai pas pu arriver plus tôt, vraiment c'était impossible.

« D'abord cette autre grosse vache de la SPA m'a renvoyée de mon poste de bénévole. Je n'avais même pas le droit de vous rendre visite pour vous voir. Je t'avais dit que je retrouverais l'identité de ton éleveur, et c'est ce que j'ai fait. Je l'ai appelée et elle m'a paru si gentille au téléphone, si responsable. Elle allait te sortir de là. Je me suis dit que tu serais bien avec elle ou que tu trouverais un nouveau foyer. J'ai vérifié. J'ai envoyé quelqu'un en visite à la SPA pour voir si tu y étais, et tu n'étais plus là. L'autre patou aussi n'y est plus, il a dû trouver une famille – je ne suis pas étonnée, parce qu'il était très beau. Il devait avoir un pedigree, lui aussi. Curieux que vous vous soyez trouvés là-bas au même moment. Je me suis même demandé si vous n'étiez pas frères. »

Elle éclata de rire.

— C'est ridicule. Je regarde trop de films. Je sais qu'il

avait fait preuve d'agressivité, mais il y a des gens qui savent rééduquer les chiens et je suis contente qu'il ait trouvé quelqu'un. Bref, mon amie a même posé la question, pour savoir ce qu'il était advenu de toi, et on lui a appris que ton éleveuse était venue te récupérer. J'étais ravie pour toi et à la fois triste pour moi, parce que j'avais ce pressentiment que toi et moi, nous étions faits pour être ensemble. Je sais que ça paraît fleur bleue, mais c'est la vérité.

« J'en avais assez de la SPA. Parfois, je me demande s'ils ont la moindre envie de trouver des foyers pour les chiens ou s'ils se contentent de garder éternellement ceux qu'ils ont en cage. Je suppose qu'ils se laissent démoraliser par l'ampleur de la tâche, mais ils pourraient travailler tellement mieux... alors j'ai commencé une formation auprès d'un vétérinaire et j'ai appris, encore et encore. »

Elle soupira.

— Je n'ai cessé de repousser le moment où je prendrais moi-même un chien. Il y avait toujours quelque chose qui me retenait. Je vis chez mes parents avec leurs chiens, et je travaille si dur !

« On entend beaucoup de choses quand on travaille chez un vétérinaire, et pas que dans le domaine médical. Les gens vous posent des questions sur les chenils, sur les chiens qu'ils ont retrouvés sur la route, et figure-toi que certains veulent faire piquer leurs chiens pour les raisons les plus insensées. Tu ne le croirais pas ! Nous avons un panneau d'affichage pour essayer d'aider les gens. Un jour une femme est venue y accrocher une adresse web. Elle a dit que si jamais un patou était en difficulté, un site pouvait l'aider à retrouver un foyer, dans la France entière. Cela faisait une éternité que je voulais avoir mon propre chien et je ne pouvais pas t'oublier, Izzie, alors j'ai pensé qu'un autre patou me conviendrait peut-être. Ensuite, mon parrain m'a dit qu'il voulait m'en offrir un en cadeau d'anniversaire. Tout semblait parfaitement coïncider. Si je prenais un patou de refuge au lieu d'un chiot, je pouvais me payer le meilleur dressage de France pour m'aider à résoudre les problèmes qu'adopter un chien pouvait causer, et en plus commencer à me former en tant qu'éducatrice canine.

« C'est quand j'ai parcouru toutes les histoires que je t'ai vu, mon Izzie, enchaîné à flanc de montagne, seul – même si tu avais d'autres animaux. Aucun autre chien pour te tenir compagnie. J'ai vu à quel point tu étais amical avec les chiens de la ferme, et c'est une bonne chose, car tu vas avoir deux formidables amis dans ta nouvelle maison.

« Et puis je vais devoir trouver cet excellent éducateur dont je t'ai parlé, parce que pour tout dire, je n'ai aucune idée de qui je vais choisir. J'ai passé des heures en ligne, à lire ce que disent les éducateurs pour se présenter. Chaque fois que je me dis, "oui, c'est tout à fait logique", je découvre une erreur. Franchement, je ne vois pas l'intérêt d'aller voir quelqu'un qui en sait moins que moi. »

Je tendis l'oreille à ces mots. J'avais déjà entendu quelqu'un dire ça, et ce n'était pas bon signe.

— Voilà où j'en suis. Il faut quelqu'un qui a de l'expérience en tant qu'éducateur, avec toutes sortes de chiens, y compris les chiens difficiles. Je veux quelqu'un qui fasse l'éducation lui-même et qui ne se contente pas d'appuyer sur un klaxon en disant à un groupe de maîtres déboussolés quels ordres ils doivent donner – ça ne fonctionne pas. Je veux quelqu'un qui ne considère pas qu'il faille frapper les chiens ou leur crier dessus.

À présent, je m'en souvenais. C'était le maître de Stratos

qui ne voyait pas l'intérêt des cours de dressage. L'université de la vie. Sans doute Élodie ne reproduirait-elle pas les erreurs de Denis !

Élodie poursuivit :

— Je ne vois aucun inconvénient à enseigner et reproduire une pratique courante et connue de tous. Ça me semble même logique, si quelque chose est bon et fonctionne depuis que le monde est monde, autant continuer à le faire aujourd'hui. Mais si je décèle ne serait-ce qu'un conseil stupide dans le discours de l'éducateur, alors je n'irai pas le voir. Et jusqu'à présent, ça élimine tout le monde.

« C'est bien joli tout ça, d'utiliser toutes ces observations modernes sur le comportement canin pour nous aider à transmettre les bons messages, mais certains comportementalistes sont totalement absurdes ! Tu ne croirais pas toutes les bêtises que j'ai lues ! "Tirer l'oreille d'un chien s'il se comporte mal, parce que c'est ce qu'un autre chien ferait pour marquer sa domination." C'est le meilleur moyen de se faire mordre. "Ne jamais se baisser au même niveau que le chien en s'asseyant ou pire encore en se couchant par terre à côté de lui." Mes cabrioles avec Caboche et Jet perdraient tout leur intérêt. "Ne flattez pas trop votre chien, vous risqueriez de le gâter." C'est ridicule ! "Ne jamais autoriser un chien à monter sur votre lit, car la femelle et le mâle dominants dorment séparément." Moi j'estime que si tu as la bonne relation avec ton chien, tu peux lui permettre ce que bon te semble – c'est tout l'intérêt, n'est-ce pas ? Mais c'est aussi ma question, Izzie. Comment s'assurer que sa relation avec son chien est bonne ? Je cherche toujours quelqu'un qui saura me l'enseigner. »

La voiture ralentit et je me redressai sur le flanc lorsqu'Élodie enclencha son clignotant et tourna le volant.

— Nous sommes arrivés. Ta nouvelle maison.

Je devrais sans doute terminer mon histoire ici, l'amour parfait, la fin parfaite. Et je sais que vous allez me traiter d'ingrat quand je vous raconterai ce qui s'est passé par la suite. Mais voyez-vous, parfois, l'amour ne suffit pas.

CHAPITRE VINGT

Au début, tout était parfait. Quand le coffre de la voiture s'ouvrit, je clignai des yeux, marquai un temps d'arrêt sur le seuil de cette nouvelle vie, puis sautai vers l'avenir. Ou plus exactement, dans les reniflements et les jappements de deux boules de poils surexcitées. Quand on arrive à un certain âge, chaque nouvelle expérience vous en rappelle une autre, plus ancienne, qui vous prédispose à réagir de telle façon plutôt que de telle autre. Les deux épagneuls – un doré et un noir – qui se coupaient constamment la parole réveillèrent mes souvenirs et j'attendis calmement que leurs aboiements s'interrompent.

— Raconte-lui pour la souris...
— Mais il vient juste d'arriver, il voudra d'abord boire. Ensuite, il écoutera tes histoires.
— Non, non, non ! Les présentations avant l'eau.
— Il connaît déjà notre petite fille.
— Mais non, pas Élodie.
— David et Adelphe, oui, oui, oui.
— Non, idiot, nous deux !

À leurs petites queues bouclées, il ne faisait aucun doute que leurs intentions étaient amicales et en réaction ma propre queue se courba en aroundera.

— Je suis Caboche, aboya l'épagneul doré. Et l'agitée, là, c'est ma sœur Jet.

— Sirius, répondis-je simplement (*de Soum de Gaia* n'avait plus aucune importance).

Tandis que j'étais accueilli par les épagneuls, Élodie embrassait l'homme et la femme plus âgés qui attendaient dans l'allée. L'homme, David, s'approcha de moi et me tendit poliment la main, sous mon museau. Il sentait l'huile de moteur et l'épagneul. Je le laissai me caresser le visage et le cou, et même me gratter le sommet du crâne – chose que je n'autorisais généralement pas lors de la première rencontre. Un mâle a ses principes.

— C'est bon, Adelphe, tu peux venir le caresser.

La femme s'avança timidement et je tressaillis lorsqu'elle posa directement la main sur ma tête, mais je l'acceptai en grinçant des dents. La famille de ma maîtresse était ma famille. Je sentis la tension des humains se relâcher quelque peu.

— Il a l'air plutôt gentil avec nos deux chiens, et avec nous, admit David. J'espère que tu sais ce que tu fais, Élodie.

— Je ne m'attendais pas à ce qu'il soit si… grand, dit Adelphe.

Élodie se mit à rire.

— C'est un grand tendre. Vous verrez.

Elle m'ôta alors la laisse pour que « j'aille jouer ». Les épagneuls n'avaient pas besoin qu'on le leur dise deux fois et ils se lancèrent dans une course effrénée. Leur compétition était encouragée par les humains, qui leur jetèrent une balle à aller chercher.

J'essayai de me joindre à eux. Je bondis autour des épagneuls en prenant soin de ne pas leur marcher dessus et je m'élançai à mon tour. Ce fut à ce moment que je découvris la chaîne invisible. Alors que je commençais à courir, je m'arrêtai brusquement, exactement à la distance à laquelle la chaîne m'aurait retenue.

— Il a un problème aux pattes, Élodie ? demanda Adelphe.

Le regard d'Élodie croisa le mien.

— Oh, Izzie. Qu'est-ce qu'elle t'a fait ?

Je repartis et, au bout de plusieurs fiascos course/arrêt, course/arrêt, je finis par me rendre compte que si je me concentrais très fort, je pouvais traverser la barrière de la chaîne invisible. Je ralentissais toujours, car mon corps croyait que la chaîne était là en dépit de ce que lui disait mon cerveau, mais au moins je ne m'arrêtais plus aussi brutalement. L'effort me faisait haleter.

— Ça viendra, Izzie. Ça viendra.

Je regardai les épagneuls, leurs oreilles voletant tandis qu'ils se poursuivaient dans le jardin, et je m'allongeai sur l'herbe. J'étais un bon gardien et c'était quelque chose que je savais faire. Élodie s'assit à côté de moi et me caressa en me disant à quel point j'étais merveilleux. Je roulai sur le dos pour lui donner la pleine autorité de me caresser le ventre autant qu'elle le voulait, juste là, où l'on apercevait ma peau nue.

Les épagneuls le prirent eux aussi comme une invitation, qu'ils acceptèrent avec l'exubérance dont ils semblaient faire preuve dans chacune de leurs activités. Ce fut un choc que d'avoir deux petits chiens qui me sautaient dessus de deux côtés à la fois, mais bientôt, nous ne fûmes plus qu'un tas de fourrure. Nous roulions au sol en nous donnant de petits coups affectueux de pattes et de dents. Élodie s'écarta en riant.

— Il ne leur fait pas mal, n'est-ce pas, ma chérie ?

— Non, répondirent en même temps Élodie et son père, tandis que je repoussais alternativement les chiens de mon arrière-train.

Sans doute avaient-ils décidé que cette partie de mon corps était la cible la plus sûre pour leurs taquineries. On était loin des bagarres que j'avais connues avec Snow, où tous les coups étaient permis, mais c'était amusant et cela faisait une éternité que je n'avais pas eu de contact physique avec un autre chien. J'avais cru un instant que tout allait redevenir comme avant, mais mon échec à courir librement m'avait ébranlé. Je me demandais quelles autres aptitudes j'avais également perdues.

Imaginez que vous soyez l'invité d'une tribu au fin fond de la forêt tropicale amazonienne. Vous ne connaissez rien à leur langue, rien à leur culture et vous ne connaissez qu'une seule personne, qui vous comprend aussi. Je suivais Élodie partout. Quand j'étais à côté d'elle, j'étais assez calme pour observer ce nouveau monde. Il faisait trop chaud dans la maison et l'intérieur me paraissait jonché d'obstacles qui produisaient d'étranges bruits. J'ignorais où chercher telle ou telle chose. L'une de mes questions trouva une réponse quand Élodie posa un tapis dans le couloir frais et me dit : « Ton coin, va dans ton coin. » Puis elle m'emmena vers le tapis et me donna un biscuit. Elle répéta l'opération à plusieurs reprises jusqu'à ce que je comprenne où elle voulait en venir. Tant qu'elle était avec moi, ça ne me dérangeait pas d'aller sur le tapis pour lui faire plaisir. Mais si je ne la voyais pas, je m'inquiétais. Les murs se refermaient sur moi. Je ne parvenais plus à remplir mon rôle de gardien, car tous les bruits de la maison me paraissaient menaçants. Cela faisait trop longtemps que je n'avais pas vécu à l'intérieur.

Je respirai à nouveau lorsqu'on me donna l'autorisation de sortir. Élodie fit avec moi le tour des limites de notre terrain et me laissa m'installer sur un monticule, d'où je pouvais apercevoir l'entrée de la maison et aboyer mes avertissements. Elle m'y laissa et j'acceptai le poste qu'elle m'offrait. J'étais un bon gardien et j'aboyais pour prévenir la famille chaque fois qu'une voiture passait sur le chemin. Je continuais d'aboyer si la voiture s'arrêtait. Lorsqu'un coffre s'ouvrit et qu'un chien s'en échappa en sautant, je poussai l'avertissement du loup – tous les patous savent que les chiens errants sont aussi dangereux que les loups pour un troupeau. Élodie revint me voir.

— Tu vas devoir rentrer maintenant, Sirius, sinon les voisins vont se plaindre.

Je lui résistais, car c'était presque la tombée du jour et à l'exception de l'heure du conte, les patous savent que le crépuscule et la nuit sont les périodes les plus dangereuses. Je voulais la protéger, ainsi que sa famille, et j'en connaissais sans doute plus qu'elle en matière de surveillance. Mais elle ne voulait pas se rendre à la raison et insista, collier et laisse à l'appui, pour que je rentre dans la maison avec elle, où je me mis à faire les cent pas, inquiets, jusqu'à ce que l'heure soit arrivée pour les humains de se mettre au lit.

Élodie prit alors mon tapis et me demanda de la suivre. Elle le posa près de son lit et m'expliqua que c'était désormais ma place. Oui, c'était bien, j'avais déjà dormi près de mon humain la nuit. Tout ce que je faisais trouvait un écho en moi. Bientôt j'eus trop chaud et j'entendis de petits bruits étouffés, l'air pur et les étoiles me manquaient. Je tournais en rond, angoissé.

— Ça viendra, me promit Élodie en me caressant mollement la tête lorsque je m'allongeai près de son lit.

J'étais trop fatigué et je dormis jusqu'au matin, d'un sommeil agité.

Nous allâmes nous promener ensemble, étendant de plus en plus loin notre terrain de chasse, en harmonie l'un avec l'autre. Cette fois, mes souvenirs s'accordaient parfaitement avec le présent. Mes meilleures sorties en compagnie d'un humain étaient celles que j'avais faites avec Élodie. Cette fois, elle était ma maîtresse attitrée, celle dont j'accompagnais les journées et dont je surveillais les nuits. Mon aroundera effleurait les nuages, je marchais en sautillant, je voulais que tout le monde nous voie ensemble. J'étais à deux doigts de gémir d'excitation sans pouvoir m'arrêter. J'aurais joué à « reviens », « assis », « couché » et « au pied » avec elle toute la journée rien que pour entendre le plaisir dans sa voix quand je lui obéissais. Et au lieu du terrain vague, nous avions les champs et les bois, des senteurs infinies à explorer. Même une rivière.

Lorsqu'Élodie m'amena à la rivière, j'hésitai en la regardant. Il n'y avait aucun terre-neuve pour me guider ou me dire que faire.

— Vas-y, mon petit bonhomme, amuse-toi, m'encouragea-t-elle.

Aussitôt dit, aussitôt fait. Je plongeai d'un bond et savourai le choc de l'eau glacée. Les divers courants filaient autour de moi à différentes températures, et je montrai tous les tours que je connaissais, tandis qu'Élodie criait et riait sur la berge en me regardant. Puis, pour le simple plaisir de l'exercice, je m'élançai dans le courant et nageai sans m'arrêter... pendant qu'Élodie trottinait en parallèle sur le bord. Je compris soudain qu'il manquait quelque chose, mais cette fois c'était quelque chose dont j'étais ravi de me débarrasser. Il n'y avait pas de chaîne invisible dans l'eau. Rien ne m'entravait ni ne me ralentissait, j'étais libre de nager à ma guise. Dans la rivière, je redevenais le jeune chien d'autrefois. Si je pouvais être comme ça au contact de l'eau, alors je pouvais aussi l'être une fois au sec.

— Regarde-moi, aboyai-je. Je suis libre.

— Oh, Izzie. C'est bon de voir que tu t'amuses ! Il faut qu'on s'amuse plus souvent ensemble.

La fois suivante, lorsque nous retournâmes à la rivière, Élodie retira ses vêtements et me suivit en maillot de bain. C'était un tout nouveau genre de jeu et elle ne semblait pas apprécier certaines règles que je pratiquais avec le terre-neuve. L'absence de fourrure est un véritable handicap pour les humains. D'un autre côté, elle nageait plus vite que moi et elle tournait plus rapidement, ce qui la rendait très friande de courses-poursuites. Dans l'eau, le rappel était un ordre bien différent et Élodie semblait plus soucieuse qu'enchantée lorsque je lui obéissais.

— Tout doux, Izzie, tout doux. Tu pèses soixante-dix kilos et je n'en fais que cinquante ! Non...

Elle perdit pied au premier coup d'épaule. Elle s'enfonça sous la surface et réapparut en crachant. Elle pouvait tenir debout, pas moi, ce qui lui donnait un net avantage.

Ce qu'elle sembla apprécier le plus, ce fut un jeu que nous découvrîmes par hasard. Elle s'était allongée sur le dos et se laissait flotter sans bouger les membres, ce qui me rappela les simulations de sauvetage auxquelles je m'exerçais avec Terre-Neuve. Je nageai instinctivement à côté d'elle et pris son poignet dans ma gueule pour commencer à la tirer. De tels moments m'encourageaient. Je ressentais la confiance qui nous unissait, mais ce n'était pas facile.

Un jour, Élodie m'expliqua que les vacances étaient terminées et qu'elle allait reprendre le travail. Je regardai par la fenêtre lorsque sa voiture s'éloigna sans moi, et j'eus l'impression qu'on venait de m'arracher une partie du cerveau, n'y laissant que deux sentiments : la panique et le besoin de récupérer cette partie manquante de mon être. Je fis le tour des pièces de la maison qui étaient restées ouvertes, comme si c'était la cage de la SPA ou le cercle que m'autorisait ma chaîne, oubliant tout ce qu'on m'avait appris sur le fait de tourner en rond et sur les dangers de perdre la tête. Les épagneuls essayèrent de m'aboyer doucement leurs conseils amicaux à base de : « Elle reviendra, ne t'inquiète pas. » Mais leurs maîtres à eux étaient présents, c'étaient des chiens d'intérieur et ils n'étaient pas à ma place. David et Adelphe essayaient de me caresser pour me rassurer, ce qui me confirma que j'avais perdu Élodie pour toujours. Les preuves qui me confortaient dans cette pensée ne manquaient pas, si tant est qu'à ce stade, on pût encore dire que j'étais en mesure de penser. Je n'étais qu'un patou de soixante-dix kilos, esseulé et gémissant, en proie à la panique. C'est alors que je commis un délit contre les humains.

Sur le moment, Adelphe poussa un hurlement si strident que je me sentis encore plus terrifié. David me disputa et je crus voir le moment où il allait me frapper. Au lieu de cela, il me conduisit dehors. J'étais un vilain chien et je grimpai en haut de mon talus pour pouvoir les surveiller et ainsi me faire pardonner. Je me demandais pourquoi j'avais commis une telle chose, mais au fond je le savais. J'avais eu la peur de ma vie et toutes les odeurs me semblaient inhospitalières, cette maison que je ne connaissais pas vraiment, avec ses meubles sur lesquels je trébuchais, ses épagneuls et son cirage à bois. Je voulais juste lui apporter une odeur qui me paraisse plus accueillante et familière, pour me sentir chez moi.

Je me concentrai sur ma tâche. Une fourgonnette jaune annonça l'arrivée d'un être lâche, qui essaya d'attaquer la famille en mettant sa main dans une boîte. Je poussai mon aboiement anti-loups et il s'enfuit aussitôt à bord de son véhicule, comme toujours. Facile. Puis il y eut cette voiture qui s'arrêta plus loin, sur la route. J'aboyai à pleins poumons. À la fin de la journée, je me sentais satisfait lorsque je vis la voiture d'Élodie remonter le chemin. J'étais fou de joie, mais elle m'ignora complètement et entra dans la maison. Je la suivis.

Je sautais partout, au comble de l'enthousiasme, mais Élodie s'éloigna, pénétra dans une pièce et ferma la porte. Quelque temps plus tard, elle en sortit et m'appela. Je m'élançai comme une fusée, mais la frénésie incontrôlable qui m'avait saisi la première fois que je l'avais vue avait disparu et je n'avais plus envie de sauter. Je me contentai donc de la caresser du museau, lui donnant des coups de langue tout en me laissant câliner.

— Il faut qu'on parle, Élodie, lança son père depuis le salon où ils s'étaient enfermés avec les épagneuls.

Élodie m'emmena avec elle dans la pièce et m'envoya me coucher dans mon coin.

— Il est devenu cinglé sans toi, reprit David.

Élodie soupira.

— Il a pissé dans la cuisine, alors nous avons dû l'envoyer dehors et il n'a fait qu'aboyer toute la journée. On ne peut pas supporter ça, tu sais.

— Ça ne fait que quinze jours, papa. Tu dois lui laisser le temps de s'adapter. Et c'est ma première journée de travail. Il s'y habituera et il se rendra compte que je reviens systématiquement.

Elle me rejoignit et s'assit par terre à côté de moi.

— Pas étonnant qu'il soit angoissé après tout ce qu'il a enduré.

— C'est exactement ce que je dis, ma chérie, reprit son père d'une voix douce et raisonnable. Je t'avais prévenue que ce serait peut-être trop difficile pour toi. Personne ne te reprocherait de l'admettre et je suis sûr qu'Izzie trouvera un nouveau foyer... c'est un beau chien, et gentil – mais il a des problèmes. Et nous devons aussi penser aux autres. En plus des voisins, ce n'est pas juste pour ta mère.

J'attendis qu'Élodie lui explique quel bon gardien j'étais.

— Je sais, dit-elle.

Tout se répète. On regarde derrière soi et on discerne les moments charnières, mais ce qui donne la chair de poule, c'est de comprendre ce qui se joue au moment même où vous le vivez. Les secondes s'égrenèrent sur l'horloge et un épagneul assoupi fit un pet.

— Élodie a raison, dit Adelphe. Ça ne fait que deux semaines. Et je ne veux pas abandonner Izzie. Qu'est-ce qu'un peu d'urine et quelques aboiements en comparaison avec l'amour d'un chien ? Regarde-le.

Ils se tournèrent vers moi.

— On ne peut s'empêcher de l'aimer. Et quand je pense à ce qu'il a traversé, ça me fait bouillir de rage, vraiment. Je ne connais pas autant de choses sur les chiens que vous deux, mais c'est un peu comme le mariage, n'est-ce pas ? Il faut s'habituer aux petites bizarreries de chacun et... s'ajuster un peu. Nous avons besoin d'un temps d'adaptation, tout comme Sirius.

— Comment ça, les petites bizarreries ? demanda David.

— Bref, enchaîna Adelphe, ce que je voulais ajouter, c'est que tu comptais aller voir ce dresseur qui t'aidera à développer une meilleure technique et je crois que c'est une bonne idée. Alors vas-y, ma puce.

— Je n'ai pas oublié, dit lentement Élodie, mais ce n'est pas facile de trouver la bonne personne.

— Eh bien, ça ne tient qu'à toi, non ?

— Je trouve que ta mère se montre très généreuse, Élodie, très généreuse. Peut-être que ton éducateur parfait n'existe pas. Tu pourrais toujours apprendre deux ou trois choses et fermer les yeux sur ce qui ne va pas...

Élodie secoua vigoureusement la tête.

— Ça ne marche pas comme ça, papa. Avec l'éducation canine, il suffit d'une chose de travers pour que tout parte en eau de boudin. Et je ne laisserai personne détruire ce que j'ai construit jusqu'à présent avec Izzie. D'accord, j'irai me renseigner. Merci, maman. J'avais besoin que quelqu'un me dise d'avancer. Je commençais à me demander si j'avais pris la bonne décision. Mais je l'aime.

— C'est toujours un bon point de départ. En fait, le seul point de départ, déclara sa mère.

Je suivis Élodie à la trace, bien déterminé à ne pas la laisser échapper à mon champ de vision, et après les plaisirs d'une promenade et d'un brin de toilette, je m'installai près d'elle tandis qu'elle pianotait sur un clavier d'ordinateur. Je m'assoupis en l'écoutant grommeler :

— Un autre comportementaliste qui pense qu'il faudrait agir comme des chiens et les mordre à notre tour… encore un qui croit murmurer à l'oreille des chiens… comme ce que j'ai vu à la SPA… "éducation totalement naturelle"… donc il faut croire qu'un collier et qu'une laisse sont totalement naturels, mais apparemment pas une muselière… "parlez à votre chien dans une langue qu'il comprend"… oh, pas ce vieux refrain "mangez avant lui", je hurle si j'entends encore une personne transformer la nourriture en sujet de rivalité avec les humains… Qu'est-ce qu'ils vont encore changer en "privilège" ? L'air que respire le chien ? Pensent-ils vraiment qu'un chien est stupide au point de confondre un humain avec un autre chien ?!! D'accord, peut-être pouvons-nous apprendre deux ou trois choses d'après la manière dont les chiens se traitent les uns les autres, mais je pensais que le sujet était le contact interespèces. Là, ils essaient de me transformer en chien. Ces inepties qu'ils aboient, c'est n'importe quoi.

« Tu ne vas pas le croire ! Ce couple a un problème avec son chien qui marque son territoire dans toute la maison, et le comportementaliste leur conseille d'uriner dans des bouteilles, de conserver l'urine dans deux bouteilles différentes pendant quinze jours avant de répandre quelques gouttes dans toute la maison. Pendant deux semaines le chien continue comme d'habitude, et puis quoi ? Quand bien même on accepterait l'idée qu'un chien ne sait pas distinguer l'urine de chien de l'urine humaine, que veux-tu qu'il fasse ? Ce que font les chiens quand ils sentent l'urine d'un congénère, il lève la patte de plus belle ! Enfin, tu me vois demander à maman et à papa de pisser dans des bouteilles, de les garder pendant deux semaines, puis d'en verser sur les meubles adorés de maman ? »

Elle babillait sans discontinuer, si bien que je faillis passer à côté de son changement de ton.

— C'est plutôt ça. Pas de coups, pas de cris... une éducation canine tout en douceur... mais il annonce clairement qu'il utilise le niveau de contrainte qui sera nécessaire... il travaille avec des chiens difficiles et dangereux... et avec des chiots... aucun chien n'est irrécupérable... il n'est jamais trop tôt pour qu'un chien apprenne – ni trop tard... Michel Hasbrouck et les *dogmasters* – on dirait Achille et les Mirmidons dans ce film, ou un groupe pop des années soixante... dommage que ce soit un homme, les hommes risquent toujours de privilégier la force à la technique parce qu'ils en sont physiquement capables... mais je crois que c'est lui qu'il nous faut. En plus, il forme les gens à devenir éducateurs... Izzie.

Je dressai l'oreille.

— Nous allons nous rendre chez ce Michel Hasbrouck. Un jour et demi ensemble, près de Paris, on va bien s'amuser. Puis je continuerai jusqu'à devenir moi-même *dogmaster*.

J'étais bien partant pour m'amuser. En général, l'éducation canine était un jeu d'enfant, donc cela me convenait. Mes oreilles se détendirent un peu, avant de se relaxer complètement lorsque des doigts fins se mirent à en masser la base, me débarrassant des petites démangeaisons dans tous ces canaux entre les os. Elle lissa les poils ébouriffés sur mes oreilles et tiralla un petit nœud qui était apparu depuis notre séance de toilettage, juste derrière mon oreille gauche.

— Je veux être digne de ta confiance et ton respect, me dit Élodie en soutenant mon regard brun de ses yeux noisette si intenses.

Je le tenais. Ce petit quelque chose que Stratos avait compris, mais appliqué au mauvais humain. Ce quelque chose que voulaient tous les chiens. L'amour est le point de départ, le seul point de départ, mais nous avons besoin de quelqu'un en qui avoir confiance, quelqu'un à respecter. Et Élodie serait ce quelqu'un, je le savais – avec ou sans l'aide de ce Michel Hasbrouck. Elle avait déjà parcouru plus de la moitié du chemin, nous étions presque arrivés, ensemble. Je songeai à ma vie passée, à la manière dont j'étais arrivé là, ainsi qu'à ce « là » dont il était enfin question.

Avec un peu de chance, je ne suis qu'à mi-parcours dans la grande aventure de la vie. J'apprends toujours à votre sujet, les humains, avec vos étranges manières. C'est ainsi que s'achève mon histoire, à l'aube d'un nouveau départ. Bien sûr, je suis incapable de le formuler avec des mots donc je vais faire ce que les chiens ont toujours fait. Je poserai ma tête sur vos genoux et vous laisserai lire mon regard. Et quand viendra ma Sélection finale, caressez juste ma tête lorsque je quitterai ce monde et prononcez pour moi les mots d'adieu. Quand vous regarderez les étoiles, souvenez-vous de moi, Sirius de Soum de Gaia, un chien pas si méchant en fin de compte.

À PROPOS DE L'AUTEUR

Je suis une écrivaine et une photographe galloise. Je vis dans le sud de la France avec un gros chien blanc, un chien noir hirsute, un Nikon D700 et un homme. J'ai enseigné l'anglais au Pays de Galles pendant de nombreuses années et ma grande gloire, c'est d'avoir été la première femme proviseure d'école secondaire du comté de Carmarthenshire. Je suis la mère et la belle-mère de cinq enfants… ma vie ne manque pas d'animation !

J'ai publié toutes sortes de livres, à la fois par des maisons d'édition traditionnelles ainsi qu'en auto-édition. Vous trouverez toutes mes publications sous mon nom : poésie et romans primés, histoire militaire, traduction d'ouvrages sur l'éducation canine, et même un livre de recettes sur le fromage de chèvre. Mon travail avec l'éducateur canin de renom Michel Hasbrouck m'a immergée dans le monde des chiens à problèmes et m'a inspiré l'un de mes romans. Née en Angleterre de parents écossais et résidant en France, j'ai la chance d'avoir une équipe gagnante à encourager dans la majeure partie des rencontres sportives.

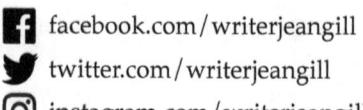

facebook.com/writerjeangill
twitter.com/writerjeangill
instagram.com/writerjeangill

LES TROUBADOURS, TOME 1

Lauréat du Global Ebooks Award dans la catégorie Meilleure Fiction Historique

« *Convaincant, captivant, mémorable* » – Lela Michael, S.P.Review

« *Chant de l'aube mêle romance historique, intrigue et aventure dans un récit qui ravit le cœur et l'imagination.* » – Autumn Birt, *Born of Water*

« *Jean Gill est une experte en intrigue historique.* » – C.M.T. Stibbe, *Chasing Pharoahs*

« *Dès que j'ai terminé ce tome, j'ai brûlé d'impatience de découvrir le suivant. J'ai hâte de lire d'autres livres de cette auteure extrêmement talentueuse.* » – Deb McEwan, *Beyond Death*

« *Un livre formidable ! L'histoire est tellement prenante avec ses intrigues politiques, ses ennemis armés d'arbalètes, son poison et ses incendies, ses potins croustillants parmi les dames de compagnie, et j'en passe !* » – Molly Gambiza, *A Woman's Weakness*

« *Ce roman a tout ce qu'il faut, de l'Histoire à l'amour.* » – Shirley McLain, *Dobyn's Chronicles*

« *Convaincant, captivant, mémorable.* »
Lela Michael, *S.P. Review*

Chant de l'Aube

1150: Narbonne

Jean Gill

LES TROUBADOURS
NOUVELLE

Nici garde ses moutons

1157: Aquitaine

Jean Gill

Qu'elle est bleue ma vallée

La vraie Provence

Jean Gill

REMERCIEMENTS

Un immense merci...

... de la part de Bételgeuse de la Plaine d'Astrée et de Blanche-Neige de Néouvielle à Michel Hasbrouck, extraordinaire éducateur canin, pour tout ce qu'il a enseigné à leur maîtresse.

... aux éleveurs de Blanche et Bétel pour m'avoir fait découvrir le monde des concours, le club français de race R.A.C.P., ainsi que l'élevage de chiens avec tous ses plaisirs et ses souffrances. Sans leurs éleveurs, nous n'aurions pas ces magnifiques chiens.

... à tous mes amis des forums, et surtout Patou Parle, avec qui je partage mes histoires et mes problèmes depuis 2006, notamment Alaska, Binti, Cimba, Clo, Linda, Magali, Montagnepyrenees, Morgan, Patoulou, Sancho, Soulmans et Stratos. Une mention spéciale à l'excellent soutien apporté aux chiens de montagne des Pyrénées par www.adoptiongroschiens.com Mes remerciements à tous ceux qui ont partagé un moment patounien avec moi, en ligne ou lors des concours canins.

S'il est d'usage de citer son partenaire, c'est rarement pour le remercier d'être présent malgré tous ces mauvais comportements canins évoqués dans le roman. Comme il le dit lui-même, « une fois qu'on a connu les chiens des Pyrénées, les autres chiens semblent manquer de caractère. »

Tous les événements de ce roman sont tirés d'histoires vraies, mais à l'exception de Michel Hasbrouck, tous les personnages, humains et canins, sont fictifs. En ce qui concerne les problèmes canins, on connaît tous l'expression « n'eût été la grâce de Dieu… » Je préfère : « n'eût-été Michel Hasbrouck… » Une bonne éducation canine sauve des vies – celles des chiens, principalement.

Si vous rencontrez des problèmes avec votre chien

Lisez *Dressage Tendresse* de Michel Hasbrouck et contactez un dresseur competent qui ne frappe pas ni cri sur un chien.

www.ingramcontent.com/pod-product-compliance
Lightning Source LLC
LaVergne TN
LVHW042247070526
838201LV00089B/55